Anna Kühne · Der goldene Mörser

Anna Kühne

Der goldene Mörser

Neun erotische Märchen

FOUQUÉ LITERATURVERLAG
Egelsbach • Frankfurt a.M. • München • New York

Die Deutsche Bibliothek – CIP-Einheitsaufnahme
Ein Titeldatensatz für diese Publikation ist bei
Der Deutschen Bibliothek erhältlich.

Autor/in und Verlag unterstützen das Albert-Schweitzer-Kinderdorf in Hessen e.V.,
das verlassenen Kindern und Jugendlichen ein Zuhause gibt.
Wenn Sie sich als Leser an dieser Förderung beteiligen möchten, überweisen Sie bitte
einen – auch gern geringen – Betrag an die Sparkasse Hanau, Kto. 19380, BLZ 506 500 23,
mit dem Stichwort »Literatur verbindet«, Autor/in und Verlag danken Ihnen dafür!

©2002 FOUQUÉ LITERATURVERLAG
Frankfurter Verlagsgruppe Dr. Hänsel-Hohenhausen AG
Frankfurt a.M. • München • Miami • New York
Hanauer Landstraßen338 • D-60314 Frankfurt/M.
Fax 069-40894-194• Tel. 069-40894-0

ISBN 3-8267-4800-X
2001

Satz und Lektorat: Dr. Barbara Wedekind

Dieses Werk und alle seine Teile sind urheberrechtlich geschützt.
Nachdruck, Vervielfältigung in jeder Form, Speicherung,
Sendung und Übertragung des Werks ganz oder
teilweise auf Papier, Film, Daten- oder Ton-
träger usw. sind ohne Zustimmung
des Verlags unzulässig und
strafbar.

Printed in Germany

*Für Ilka und Eva,
die solche Märchen
erzählen wollten,*

*und für
meinen Sohn Levin*

Inhaltsverzeichnis

Die Wasserfee 5

Die Brautprobe 8

Der goldene Mörser 14

Der wilde Baron 18

Ludwig der Stecher 23

Die Hütte im Walde 31

Der Nagelschmied 35

Die Königin der Nacht 41

Hans Butterhand 51

Die Wasserfee

Es war einmal ein armer Bauernbursche, der hatte nach dem Tode seines Vaters das kümmerliche Anwesen geerbt, auf dem er aufgewachsen war, und bewirtschaftete es nun ganz allein. Von morgens bis abends arbeitete er hart, und seine alte, kranke Mutter half ihm, so gut sie eben noch konnte. Ja, wenn der junge Bauer eine Frau gehabt hätte, so wäre das eine große Erleichterung gewesen! Aber kein Mädchen im Dorf wollte ihn heiraten, denn er war nicht nur arm, sondern auch recht klein geraten und unansehnlich. So blieb er also allein und plackte sich auf seinen drei schmalen, schlechten Feldern ab.

Eines Tages, als er in den Wald gegangen war, um Feuerholz aufzulesen, hörte er plötzlich ein glockenhelles Lachen hinter sich, und er drehte sich um. Aber er konnte nichts sehen. Das Lachen mußte vom Waldsee kommen, der in dieser Richtung lag. Es klang aber so hell und lockend, daß er nicht weiter bei der Arbeit bleiben konnte, sondern gehen mußte, um herauszufinden, welches Mädchen aus seinem Dorfe so wunderbar lachen konnte.

Als er sich dem Waldsee näherte, entdeckte er am Ufer eine schöne junge Frau, die er nicht kannte. Sie saß auf einem Ast, der übers Wasser hing, und spielte mit bunten Schmetterlingen. Und dabei lachte sie immer wieder hell auf vor Freude.

Der junge Bauer konnte den Blick nicht abwenden von soviel Anmut und stand wie gebannt zwischen den Bäumen, verborgen vom Ufergebüsch.

„Warum kommst du nicht her und spielst mit uns?" rief die Schöne plötzlich.

Der Bauernbursche errötete, weil sie ihn doch ertappt hatte. „Ich habe keine Zeit dafür", antwortete er verlegen. „Wir brauchen Feuerholz für den Winter."

„Ach, was. Da helfe ich dir dann schon. Jetzt aber spiel mit!"

Zögernd trat der junge Mann hervor. Er fürchtete, sie würde ihn verspotten wie die Dorfmädchen, wenn sie ihn erst erblickte. Doch sie sah ihn nur fröhlich an und pustete die Schmetterlinge zu ihm hin. Da lachte auch er und freute sich an den zarten Dingern, wie

sie ihn in buntem Reigen umtanzten. Er pustete sie zu der Frau zurück, die selbst so zart wie ein Schmetterling schien. Ja, er glaubte sogar, ab und zu, wenn das Sonnenlicht in einem bestimmten Winkel auf sie fiel, durchsichtig schimmernde Libellenflügel an ihr zu entdecken. Nachdem sie eine Weile so gespielt hatten, meinte die Wasserfee – denn eine solche war es ganz ohne Zweifel – endlich zu ihm:
„Komm, laß uns etwas anderes spielen. Zieh dich aus."
„Wie?" Der junge Bauer glaubte, sich verhört zu haben.
Doch sie bestand darauf, daß er sich splitterfasernackt auszog. Ihm war nicht ganz wohl dabei, wie sie nun an ihn herantrat, aber dann atmete er erleichtert auf, denn sie war sogar noch kleiner als er. Auch sie warf nun übermütig ihre spinnwebzarten Kleider ab, betrachtete ihn neugierig – und runzelte die Stirn.
„Was versteckst du dort hinter deinen Händen?"
Der junge Bauer errötete erneut und antwortete: „Das ist nur mein Freund, der Spaßmacher."
„Ein Spaßmacher? Das ist ja wunderbar. Ich will ihn sehen. Zeig her!" Sie stampfte ungeduldig mit dem Fuß auf, daß das Wasser des Waldsees feine Wellen schlug, und blitzte den jungen Mann zornig an, weil er zögerte. Er wollte sie aber um nichts in der Welt verärgern und nahm die Hände fort.
Sie sah gespannt auf den großen, wippenden Gesellen und wartete.
„Wenn er ein Spaßmacher ist, dann muß er aber auch Spaß machen, sonst macht es keinen Spaß", beschwerte sie sich bald.
Der junge Bauer wußte nicht, wohin er sehen sollte, so verlegen war er.
„Er soll mir jetzt Spaß machen!" Wieder stampfte die kleine Schöne mit dem Fuß auf. Das Wasser des Waldsees schlug kräftige Wellen.
Es half nichts, er mußte seinen Spaßmacher Spaß machen lassen, und das zierliche Fräulein jauchzte und freute sich so ausgelassen darüber, daß es im ganzen Walde widerhallte.
„Oh, weh! Ich war zu wild", schluchzte sie, als sie sich den fröhlichen Gesellen recht besah. „Jetzt hab ich ihn verstimmt! Sieh nur, wie er sich grämt! Gewiß macht er nie wieder Spaß mit mir."

„Ach, liebes Kind", tröstete sie der junge Bauer. „Er ist nur etwas erschöpft. Solche Späße strengen ihn mehr an als man meinen möchte. Auch muß ich jetzt zurück an die Arbeit. Bald schon bricht der Abend herein."

Sie streichelte liebevoll den ermatteten Spaßmacher und lachte schon wieder.

„Ihr zwei habt mir heute große Freude bereitet. Wenn ihr zurückgeht, werdet ihr einen großen Haufen Feuerholz finden, fertig gesägt und gespalten. Aber versprecht mir, daß ihr zwei von nun an jeden Tag hierher kommt und mit mir spielt!"

Das versprach der junge Bauer gern.

Von diesem Tag an aber gelang und gedieh ihm alles, was er anpackte. Die drei schmalen Felder strotzten vor Fruchtbarkeit, sein Vieh war gesund und mehrte sich unaufhörlich. Selbst seine alte Mutter genas von ihrer Krankheit. Das Erstaunlichste aber war, daß kein Mädchen ihn mehr verspottete oder auch nur verächtlich ansah. Im Gegenteil, die Brautwerber klopften immer wieder an seine Tür! Er heiratete bald ein kleines, liebes Bauernmädchen und lebte glücklich und in großem Wohlstand mit ihr. Viele Kinder hatten sie und noch mehr Enkelkinder, und des Frohsinns war kein Ende.

Und wenn er nicht gestorben ist, so geht der kleine Bauer noch bis auf den heutigen Tag an den Waldsee und erfreut die Wasserfee mit seinem großen Spaßmacher.

Die Brautprobe

Es war einmal ein König, der hatte einen Sohn, welcher ihm Sorgen bereitete. Der Prinz war nämlich den Frauen über alle Maßen zugetan, und die Frauen auch ihm, denn er war von angenehmem Äußeren und schöner Gestalt. Auch wußte er seine Worte wohl zu setzen und auf so bestrickende Art zu lächeln, daß kein weibliches Wesen ihm lange widerstehen konnte.

Um seinen Sohn zu ernsthafteren Dingen wie Staatsführung, Familie und Verwaltung zu bewegen, schien es dem König angebracht, ihn zu verheiraten. Nun meinte er, es habe wenig Sinn, dem Prinzen eine Frau zu geben, die ihm ebenso verfallen würde wie alle anderen weiblichen Bewohner des Königreichs. Daher beschloß er, die richtige Braut durch eine Probe zu finden.

Der König sandte Herolde aus in alle vier Windrichtungen und ließ verkünden, daß er seinem begehrten Sohne diejenige Jungfrau zur Gemahlin geben würde, der es gelang, eine Nacht im Schlafgemach des Prinzen zu verbringen, ohne ihre Unschuld zu verlieren.

Der Prinz selbst war nicht erfreut über die Pläne seines Vaters, ihn zu verheiraten. Er hatte überhaupt keine Lust auf Familie und Verwaltung, denn dann bliebe ihm ja nicht mehr genug Zeit, sich an all den schönen Frauen dieser Welt zu erfreuen und sie mit seinen sinnlichen Künsten zu beglücken. Er setzte also seinen ganzen Ehrgeiz darein, keine der wagemutigen Blumen in seinem Schlafgemach ungepflückt davon kommen zu lassen.

Am äußersten Rande des Königreiches wohnte ein Holzfäller mit drei wunderschönen Töchtern. Sie hatten den Prinzen noch nie gesehen, da sie selten den Wald verließen, aber sie hatten schon viel von der Unwiderstehlichkeit dieses jungen Mannes gehört.

„Ich bin standhaft genug, mich seinem Werben zu widersetzen", meinte die älteste der Töchter. Um ganz sicher zu gehen, bewaffnete sie sich mit einem scharfen Dolch und machte sich auf in die Hauptstadt.

Wo der Wald aufhörte, saß eine schrecklich häßliche, fette Kröte mitten auf dem Weg.

„Grüß dich Gott, du Schöne. Wohin des Wegs?"

„Das geht dich nichts an, du häßliches Ding!" antwortete die älteste Tochter und trat angewidert mit dem Fuß nach dem ekligen Tier.
„Wirst nicht erringen, wonach du strebst!" prophezeite die Kröte und verschwand.
Das Mädchen ließ sich nicht beirren und wanderte in die Hauptstadt. Einige Tage mußte sie noch warten, bevor sie an der Reihe war, das Schlafgemach des Prinzen für eine Nacht mit ihm zu teilen. Dann war es endlich so weit.
Man führte sie in den Raum, in dem ein so großes, prächtiges Bett stand, wie sie es noch nie in ihrem Leben gesehen hatte. Zu Hause schlief sie stets auf einer einfachen Strohschütte. Das Bett des Prinzen aber hatte seidene Kissen, weiche, glänzende Felldecken und golddurchwirkte, schwere Vorhänge.
„Willkommen, liebes Kind!" sprach eine freundliche Stimme, deren tiefer, samtener Klang sie sofort erbeben ließ. Sie dachte froh an ihren Dolch, faßte ihn fester und wandte sich um.
Da stand der Prinz, angetan mit einer engen Hose, die seine schlanken, säulengleichen Beine zeigte, und mit einem einfachen Hemd, das seine schönen Schultern halb entblößt ließ, weil er es nur flüchtig übergeworfen und rasch in die Hose gesteckt hatte. Aber all das nahm sie kaum wahr, denn ihr Blick hing wie gebannt an seinem Antlitz, das im Kerzenlicht weich schimmerte und so berückend schön war, daß sie für einige Augenblicke tatsächlich das Atmen vergaß.
Und wie der Prinz sie anschaute! Als sei sie die eine, auf die er gewartet habe, als hätte er niemals gedacht, irgend eine Jungfrau könne so herrlich sein wie sie.
„Es gibt noch immer Wunder ..." Er trat verwirrt auf sie zu, strich unendlich zärtlich über ihr Gesicht, sah ihr voller Liebe in die Augen und küßte sie so sanft, daß sie meinte, eine Daunenfeder habe ihre Lippen berührt.
Da sank sie willenlos in seine Arme, und er trug sie zum Bett. Den Dolch entwand er ihr sacht und mit einem Geschick, das seine Erfahrung in diesen Dingen bewies. Und die Nacht wurde für das Mädchen eine Nacht ungeahnter Erfüllung und der Beginn eines neuen Lebens.

Sie bereute es auch am folgenden Morgen nicht, den Verführungskünsten des Prinzen erlegen zu sein. Sie empfand ein so tiefes Glück, daß sie noch über das ganze Gesicht strahlte, als sie ohne ihre Unschuld wieder zu Hause eintraf.
Der zweiten Schwester gab dies zu denken. Sie beschloß, daß es ihr nicht so ergehen sollte. Wenn ein Dolch nichts genutzt hatte, so war es vielleicht besser, sich mit einem Keuschheitsgürtel zu wappnen und den Schlüssel dafür zu Hause zu lassen. Und sie machte sich auf in die Hauptstadt.
Wo der Wald aufhörte, saß eine schrecklich häßliche, fette Kröte mitten auf dem Weg.
„Grüß dich Gott, du Schöne. Wohin des Wegs?"
„Das geht dich nichts an, du häßliches Ding!" antwortete die mittlere Tochter und trat angewidert mit dem Fuß nach dem ekligen Tier.
„Wirst nicht erringen, wonach du strebst!" prophezeite die Kröte und verschwand.
Auch die mittlere Schwester wurde des Abends in das Schlafgemach des Prinzen geführt. Auch sie staunte über das prächtige Bett.
„Willkommen, liebes Kind!" sprach da eine freundliche Stimme, deren tiefer, samtener Klang sie sofort erbeben ließ. Sie dachte froh an ihren Keuschheitsgürtel und wandte sich um.
Da stand der Prinz, angetan mit einer engen Hose, die seine schlanken, säulengleichen Beine zeigte, und mit einem einfachen Hemd, das seine schönen Schultern halb entblößt ließ, weil er es nur flüchtig übergeworfen und rasch in die Hose gesteckt hatte. Aber all das nahm sie kaum wahr, denn ihr Blick hing wie gebannt an seinem Antlitz, das im Kerzenlicht weich schimmerte und so berückend schön war, daß sie für einige Augenblicke tatsächlich das Atmen vergaß.
Und wie der Prinz sie anschaute! Als sei sie die eine, auf die er gewartet habe, als hätte er niemals gedacht, irgend eine Jungfrau könne so herrlich sein wie sie.
„Es gibt noch immer Wunder ..." Er trat verwirrt auf sie zu, strich zärtlich über ihr Gesicht, sah ihr voller Liebe in die Augen und küßte sie so sanft, daß sie meinte, eine Daunenfeder habe ihre Lippen berührt.

Da sank sie willenlos in seine Arme, und er trug sie zum Bett. Den Keuschheitsgürtel öffnete er mit einem kleinen eisernen Haken und einem Geschick, das seine Erfahrung in diesen Dingen bewies. Und die Nacht wurde für das Mädchen eine Nacht ungeahnter Erfüllung und der Beginn eines neuen Lebens.

Als auch die zweite Schwester nach Hause zurückkehrte, ohne ihr Ziel erreicht zu haben, wurde die letzte Schwester sehr nachdenklich. Aber ihr fiel nichts ein, was ihr bei ihrem Vorhaben helfen konnte, wenn den Schwestern weder ein Dolch noch ein Keuschheitsgürtel etwas genutzt hatte. Also machte sie sich ungerüstet und voller Zweifel auf den Weg.

Wo der Wald aufhörte, saß eine schrecklich häßliche, fette Kröte mitten auf dem Weg.

„Grüß dich Gott, du Schöne. Wohin des Wegs?"

„Ich will die Brautprobe bestehen und den Prinzen heiraten."

„Das wird dir nicht gelingen, wenn ich dir nicht helfe. Aber weil du mir so freundlich geantwortet hast, gebe ich dir diese Salbe. Streich sie dir hinter die Ohrläppchen und zwischen die Beine, bevor du zu dem Prinzen ins Zimmer gehst."

„Hab vielen Dank, liebe Kröte!" freute sich das Mädchen und eilte in die Hauptstadt.

Sie befolgte den Rat, den die Kröte ihr gegeben hatte, und strich sich etwas von der Salbe hinter die Ohrläppchen und zwischen die Beine, bevor sie das Schlafgemach des Prinzen betrat.

Ungläubig bestaunte sie das prächtige Bett mit den seidenen Kissen, den weichen Felldecken und den golddurchwirkten Vorhängen.

„Willkommen, liebes Kind!" sprach eine freundliche Stimme, deren tiefer, samtener Klang sie sofort erbeben ließ. Sie wandte sich um.

Da stand der Prinz, angetan mit einer engen Hose, die seine schlanken, säulengleichen Beine zeigte, und mit einem einfachen Hemd, das seine schönen Schultern halb entblößt ließ, weil er es nur flüchtig übergeworfen und rasch in die Hose gesteckt hatte. Aber all das nahm sie kaum wahr, denn ihr Blick hing wie gebannt an seinem Antlitz, das im Kerzenlicht weich schimmerte und so berückend schön war, daß sie für einige Augenblicke tatsächlich das Atmen vergaß.

Und wie der Prinz sie anschaute! Als sei sie die eine, auf die er gewartet habe, als hätte er niemals gedacht, irgend eine Jungfrau könne so herrlich sein wie sie.

„Ein Wunder ..." Er trat verwirrt auf sie zu, strich unendlich zärtlich über ihr Gesicht, sah ihr voller Liebe in die Augen und küßte sie so sanft, daß sie meinte, eine Daunenfeder habe ihre Lippen berührt.

Da sank sie willenlos in seine Arme ... doch er schob sie von sich, denn es war tatsächlich ein Wunder geschehen! Der köstliche Duft, der von dem Mädchen ausging, hatte bewirkt, daß der Prinz sich auf der Stelle in sie verliebte. Sie wollte er jetzt zur Gemahlin, sie und keine andere! Doch dazu mußte sie Jungfrau bleiben bis zum nächsten Morgen.

Sie standen voreinander und betrachteten sich.

„Bitte, nimm mir meine Unschuld", bat das Mädchen.

„Das kann ich nicht."

„Gefalle ich dir denn nicht?"

„Du gefällst mir sogar so sehr, daß ich dich nicht will."

„Das verstehe ich nicht", antwortete das Mädchen und sah ihn so traurig an, daß er nicht länger an sich halten konnte und sie in seine Arme zog.

Sie küßten sich innig und taumelten zum Bett. Stöhnend vor Verlangen preßte er ihren jungen, schlanken, lieblich duftenden Körper an sich, entkleidete ihn, bedeckte ihn mit unzähligen Küssen und tauchte hinab in das verborgene, verbotene Tal. Sein Schwert aber lag groß und blank zwischen ihnen und verlangte nach der Scheide.

„Komm, steck es an seinen Platz", bat ihn das Mädchen atemlos.

„Nein, Liebste. Es muß hier bleiben und deine Unschuld bewachen."

„Kann es das nicht auch, wenn es in seiner Scheide ist? Wenn du es brauchst, kannst du es doch schnell herausziehen."

Dagegen wußte der Prinz nichts einzuwenden, und schweren Herzens machte er sich daran, das Schwert einzustecken. Doch da tat die Salbe der Kröte ihre zweite, noch wundersamere Wirkung. Plötzlich durchzuckte etwas wie ein Blitz das Schwert und der Prinz stieß einen Schmerzensschrei aus.

„Was ist geschehen, mein lieber Freund?" ängstigte sich das Mädchen.

„Ich kann das Schwert nicht einstecken, meine Schöne! Feurige Blitze durchfuhren mich bis ins Herz, als es eben tun wollte. Wir müssen es hier zwischen uns liegen lassen."

„Oh, welch ein Unglück!" jammerte die Jungfrau laut, und sie trösteten sich gegenseitig mit Küssen und Umarmungen, während das Schwert groß und blank zwischen ihnen lag und weiter die Unschuld des Mädchens bewachte.

„Oh, welch ein Glück", murmelte leise der Prinz.

Am nächsten Morgen, als man herausfand, daß das Mädchen die Brautprobe bestanden hatte, war groß Jubeln im Schloß.

Die Hochzeit war noch am selben Tag, und während die Gäste herbeieilten und noch tagelang sangen, tanzten und schlemmten, hatte das Brautpaar nach Sonnenuntergang nichts Eiligeres zu tun, als endlich das Schwert, das zwischen ihnen lag, in die Scheide zu stecken. Das bereitete ihnen solche Genugtuung, daß sie es immer wieder herausholten, um es erneut wegzustecken. Und wenn sie nicht gestorben sind, tun sie das noch heute.

Der goldene Mörser

Es war einmal in einem fernen, neunmal weiten Königreich eine wunderschöne Prinzessin, die besaß alle Tugenden, die man sich vorstellen konnte. Doch über dem Reich ihres Vaters lag ein böser Zauber. Das Land war öd und kahl, die Vögel blieben stumm, Mensch und Tier darbten, es wurden keine Kinder und keine Jungtiere geboren, das Leben war freudlos und traurig.
Die Prinzessin nämlich nannte einen goldenen Mörser ihr eigen, in welchem kein Stößel etwas mahlen konnte, weil er so winzig klein war. Der Zauber aber forderte, daß ein Scheffel Korn damit zu Mehl gemahlen werden mußte, bevor das Land seine Fruchtbarkeit zurück erhielt. Die Handwerker des Königreiches waren seit Jahren mit nichts anderem beschäftigt, als zu versuchen, einen Stößel zu fertigen, der in den Mörser der schönen Prinzessin paßte. Doch jedes Mal, wenn man sich endlich am Ziel glaubte und der Stößel kleiner war als alle, die man je gemacht hatte – erwies er sich noch immer als zu groß.
Der König war verzweifelt, seine Minister, die Königin – und natürlich die Prinzessin selbst, die schon so manches Mal den Mörser am liebsten auf den Mist geworfen hätte. Aber das hätte ja nichts geholfen, denn der Zauber mußte gelöst werden. Da man also im eigenen Land keinen passenden Stößel machen konnte, ließ der König ein Bild von seiner lieblichen Tochter malen, und eins von dem vermaledeiten Mörser dazu, und schickte seinen treuesten Boten damit in die Welt, in der Hoffnung, jemand fände sich, der das Land erlösen konnte. Wessen Stößel in den Mörser der Prinzessin paßte, so versprach er, dem würde er seine Tochter zur Frau geben und das halbe Königreich dazu.
Der Bote kam durch viele Länder, und überall lachte man herzlich über den winzigen Mörser, für den er einen Stößel suchen sollte. Überall aber bewunderte man auch die Schönheit der Prinzessin, und manch einer bedauerte es sehr, daß eine so schwierige Aufgabe gelöst werden mußte, um sie zu erlangen.
Auch ein Spielmann hörte eines Tages von dem Mörser, und als er erst das Bild der schönen Prinzessin gesehen hatte, da war es um

ihn geschehen. Die Sache mit dem Mörser bereitete einem wie ihm die geringste Sorge. Er war schon weit in der Welt herumgekommen, hatte viele merkwürdige Dinge gesehen und manche Kunst erlernt, die den Nichtfahrenden verborgen blieb. Also machte er sich auf in das ferne, neunmal weite Königreich, um die liebliche Prinzessin zu erringen.
Als er nach langer Wanderschaft am Hofe angekommen war, ließ ihn der König sogleich zu sich rufen.
„Ich höre, du willst deinen Stößel am Mörser meiner Tochter versuchen?" erkundigte er sich erfreut. Schon lange war niemand mehr zu diesem Zweck im neunmal weiten Königreich gewesen, und alle hatten schon geglaubt, die Hoffnung auf eine Erlösung für immer begraben zu müssen.
„Das will ich gern, Eure Majestät", sprach der Spielmann. „Obgleich ich nicht versprechen kann, daß er paßt."
„Zeig ihn doch einmal her", ließ sich da die Königin neugierig vernehmen. „Er muß nämlich sehr, sehr klein sein, damit du damit mahlen kannst."
Kaum hatte aber der Spielmann seinen Stößel hervorgeholt, schlug sie beide Hände über dem Kopf zusammen. „Um Himmels Willen, Spielmann, wie kommst du auf die Idee, daß dieses große Ding in den winzigen Mörser der Prinzessin passen könnte?! Dieser Stößel ist zehnmal zu groß, ganz sicher. Das brauchst du gar nicht erst zu versuchen."
„Ich will es trotzdem probieren", entgegnete der Spielmann unbekümmert. „Soll Eure Tochter mir den Mörser doch erst einmal zeigen. Bisher habe ich ja nur ein Bild von ihm gesehen."
Man ließ also die Prinzessin holen und hieß sie dem Spielmann den goldenen Mörser zeigen.
Erstaunt hob der Spielmann die Brauen. Tatsächlich, der Mörser war noch kleiner, als es auf dem Gemälde ausgesehen hatte. Doch andererseits übertraf die Schönheit der Prinzessin das Bildnis ebenfalls.
„Laßt es mich versuchen, Eure Majestät", bat er.
„Das werde ich nicht, junger Mann", empörte sich der König. „Du wirst den Mörser nur zerbrechen, und dann ist alles verloren!"

„Ganz gewiß werde ich keinen Schaden anrichten, Majestät" versicherte der Spielmann. „Alles was ich brauche ist eine Kammer mit steinernem Fußboden, ein breites, gehobeltes Eichenbrett und ein Scheffel Korn. Und die Prinzessin mit dem Mörser natürlich."
Der König und die Königin sahen einander zweifelnd an. Doch dann hoben sie beide die Schultern und willigten ein. Denn schließlich – welche Wahl hatten sie schon?
Man schloß also den Spielmann mit der Prinzessin und den gewünschten Dingen über Nacht in die Kammer mit dem steinernen Fußboden ein.
Ängstlich sah die Prinzessin den Spielmann an. „Und jetzt?"
Der Spielmann legte seinen Wandersack beiseite, zog sein Wams aus, reckte sich ordentlich, daß es in seinen Gliedern knackte, und antwortete:
„Jetzt werde ich erst einmal mit dem Mörser reden."
„Reden?" Der Prinzessin blieb vor Staunen der Mund offen.
Der Spielmann streute das Korn auf den Boden, legte das breite, gehobelte Eichenbrett darüber und sprach dann zur Prinzessin:
„Stellt den Mörser so auf das Brett, daß ich ihn gut sehen kann."
Als dies geschehen war, ließ der Spielmann sich vor dem Mörser nieder und begann, in einer unverständlichen Sprache auf ihn einzureden. Und während er so vor sich hin murmelte, langte er heimlich in seinen Wandersack, zog eine Schwanendaune hervor und streichelte damit den Rand des Mörsers.
„Was tut ihr da?" wunderte sich die Prinzessin.
„Ich rede mit Eurem Mörser."
„Ach so."
Als er den Rand des goldenen Mörsers eine Weile gestreichelt hatte, begann dieser sich wie durch Zauber zu weiten. Aber er war noch längst nicht weit genug.
Der Spielmann hörte auf zu murmeln und begann nun ganz vorsichtig, den Rand des Mörsers mit seiner Zunge zu befeuchten.
„Was tut Ihr da?" wunderte sich die Prinzessin.
„Ich flüstere Eurem Mörser etwas zu."
„Was sagt Ihr ihm denn?"

„Daß er ein sehr schöner Mörser ist und daß mein Stößel ganz freundlich zu ihm sein wird, wenn er ihn einläßt."
„Ach so."
Der Spielmann fuhr fort, den Rand des goldenen Mörsers zu belekken, wobei er hin und wieder auch das kleine Krönchen bedachte, welches das Gerät in ganz königlicher Manier zierte.
Der Prinzessin entfuhr ein spitzer Schrei der Überraschung, denn sie bemerkte nun, um wieviel größer der Mörser bereits geworden war.
„Ihr seid ein Zauberer, Herr Spielmann", jubelte sie. „Ob der Stößel schon paßt?"
„Das werden wir gleich sehen, Prinzessin."
Der Spielmann holte seinen Stößel hervor und siehe, er glitt so leicht in den Mörser, als wären sie für einander geschaffen worden. Alles, was nun noch zu tun übrig blieb, war, das Korn zu Mehl zu mahlen.
„Helft mir, Prinzessin", rief er. „Setzt Euch dicht zu mir, damit wir uns beim Mahlen abwechseln können." Mit vereinten Kräften ließen sie den Stößel im Mörser kreisen, so heftig, daß das Brett, auf welchem sie saßen, über dem Korn hin und her rutschte und das Korn also im Laufe der Nacht gemahlen wurde.
Als sie gegen Morgen erschöpft einschliefen, begannen draußen zum ersten Mal seit vielen Jahren wieder die Vögel zu singen. Die Leute im Land wußten sich nicht zu lassen vor Freude, als sie ins Freie traten: Überall grünte und blühte es, die Tiere taten sich an dem frischen Futter gütlich, männliche und weibliche Wesen fielen wie ausgehungert übereinander her, als gelte es, an einem Tag eine neue Welt zu bevölkern. Der Zauber war gebrochen.
Der König aber hielt sein Wort und vermählte seine goldhaarige Tochter mit dem Spielmann, der mit ihrem Mörser zu mahlen verstanden hatte. Obendrein gab er ihm das halbe Königreich, und sie alle lebten glücklich und zufrieden.
Mörser aber wurden überall im Land hoch in Ehren gehalten, und ebenso die Stößel, ohne die jeder Mörser zu nichts nutze ist, sei er von Gold oder von braunem Ton. Und wenn sie nicht gestorben sind, so sehen die Prinzessin und ihr Spielmann noch heute regelmäßig nach, ob der Mörser nicht etwa wieder zu klein geworden ist ...

Der wilde Baron

Es war einmal ein Baron, der war weit und breit gefürchtet für seine Willkür und Grausamkeit. Man nannte ihn nie anders als den „wilden Baron". In den Dörfern, die zu seinem Besitz gehörten, stöhnten die Leute von früh bis spät unter seiner Gewaltherrschaft. Von der Ernte und von allem Besitz beanspruchte er einen so hohen Anteil für sich, daß es unmöglich war, zu etwas Wohlstand zu gelangen oder mehr als nur das Nötigste zum Beißen zu haben. Wenn ein Bursche ein Mädchen heiraten wollte, so mußte er seine Braut in der Hochzeitsnacht dem wilden Baron überlassen, und wenn jemand zu krank oder zu schwach für die Arbeit geworden war, so ließ der wilde Baron ihn gar von seinen Leuten erschlagen wie einen räudigen Hund, damit er ihn nicht weiter ernähren mußte. Seine Männer nahmen sich jedes Mädchen und jede Frau, die ihnen gefiel, und kein Kaufmann war seines Lebens oder seiner Ware sicher, wenn er sich über das Gebiet des wilden Barons wagte. Einen grausameren Herrn als den wilden Baron kann man sich wirklich nicht vorstellen. Jeder seiner Atemzüge wurde von den bittersten Flüchen seiner Untertanen begleitet.
Nun ging die Sage, daß tief im Wald eine Waldfrau mit ihrer Tochter lebte. Man erzählte sich auch, daß die Tochter von unerhörter Schönheit war und daß die Waldfrau ihr deshalb nie gestattete, den Wald zu verlassen, damit weder der wilde Baron noch seine Männer sie zu Gesicht bekommen und zugrunde richten konnten, wie es so vielen anderen Mädchen ergangen war.
Als das Leben für die Bauern in den Dörfern und für die Handwerker und Kaufleute in der kleinen Stadt gar nicht mehr zu ertragen war, kam jemand auf die Idee, daß doch einer gehen und die alte Waldfrau um Hilfe bitten könnte, denn sie verstand sich auf gewisse Künste, wie man sagte. Vielleicht konnte sie ja einen Bannfluch gegen den wilden Baron sprechen oder ihn gar von bösen Geistern töten lassen? Da gab es nichts zu überlegen, man zog Lose und schickte den auf diese Weise ausgewählten Knecht in den Wald, die Waldfrau zu suchen, denn freiwillig mochte niemand gehen.

Die alte Waldfrau empfing den Besucher gar freundlich, nahm die Geschenke entgegen, die er mitgebracht hatte, und hörte sich seine Bitte an. Sie versprach zu helfen.

Wenige Tage später ereignete sich ein gewaltiges Unwetter. Ein schrecklicher Blitz traf dabei die holzgedeckten Dächer der Burg des wilden Barons, und sie brannten lichterloh. Die Waldfrau sandte auch einen Sturmwind, der die Flammen immer wieder neu entfachte, so daß alles, was nicht fest gemauert war, zu grauer Asche verbrannte. Eigentlich hatten der wilde Baron und die hartherzigsten seiner Gesellen in dem Feuer sterben sollen, doch die Tochter der Waldfrau hatte heimlich einen Gegenzauber gemacht, und sie entkamen.

Der wilde Baron erfuhr, wem er sein großes Unglück zu verdanken hatte, und er tat einen Eid, daß die beiden Hexen auf dem Scheiterhaufen brennen sollten, so, wie seine Burg gebrannt hatte. Tagelang durchstreifte er mit seinem Gefolge den Wald, doch sie konnten nicht einmal die armselige Hütte finden, in der die Alte mit ihrer Tochter wohnte. In seiner ohnmächtigen Wut befahl der wilde Baron, den ganzen Wald abzubrennen.

Das aber hörte die Tochter der Waldfrau, die sich in einen Eichelhäher verwandelt hatte und die ganze Zeit in seiner Nähe war. Sie dachte an all die unschuldigen Tiere, die dann umkommen würden, und verwandelte sich zurück in ihre menschliche Gestalt.

Kaum hatten die Männer das schöne Mädchen zwischen den Bäumen entdeckt, setzten sie ihm nach, um es zu fangen. Sie waren sich ihrer Beute sicher, und ihr hämisches Lachen erscholl im grünen Dämmerlicht des Waldes.

Als sie jedoch an eine kleine Lichtung kamen, stockte ihr Schritt, und sie schrien angstvoll auf, aber es war bereits zu spät. Dort stand nämlich die schöne Tochter der Waldfrau in einem Kreis und hielt den Zeigefinger auf sie gerichtet. Sie sprach geheimnisvolle Worte, woraufhin die Männer sich in Hasen verwandelten und frohgemut in den Wald hoppelten, einer wie der andere – nur der wilde Baron nicht. Der stand gebannt und konnte sich nicht mehr rühren.

„Was seid Ihr doch für ein armer Teufel, Baron", sprach das Waldmädchen zu ihm. „daß Ihr immer nur Böses tun könnt!"

Sie trat aus dem Kreis heraus und vor den erstarrten Baron hin. Seine Augen waren das einzige, was er noch bewegen konnte, und er sah das Waldmädchen voller Furcht an.
Sie ging um ihn herum und betrachtete ihn. Dann lachte sie voller Willkür auf und begann, sich langsam und mit verführerischen Bewegungen vor ihm zu entblößen. Sie entledigte sich zuerst ihres groben Kleides, dann auch ihres Hemdes, und stand schließlich ganz und gar nackt vor ihm. Er sah ihre prachtvoll wogenden Brüste und das seidig schimmernde Schatzkästlein zwischen ihren weichen Schenkeln, und er konnte den Blick kaum abwenden von soviel Herrlichkeit.
Da hob sie die Hand, und der Baron zuckte entsetzt mit den Lidern, denn er glaubte nicht anders, als daß nun sein letztes Stündlein geschlagen hätte. Doch sie nahm ihm lediglich seine Waffen ab und warf sie beiseite. Dann begann sie, auch ihn zu entkleiden, bis er ebenfalls nackt auf der Lichtung stand.
Sie betrachtete ihn wieder von oben bis unten und sah, wie sehr er sie begehrte.
„Das hätte ich aber nicht von Euch gedacht, Herr Baron", meinte sie keck. „Seid Ihr denn am Ende gar kein Teufel? Euer roter Schlüssel da sieht mir doch ganz menschlich aus! Möchtet Ihr damit vielleicht mein Schatzkästlein aufschließen?"
Er konnte nicht antworten.
„Das würde ich Euch schon gern gestatten. Ihr seid ein gar prächtiges Mannsbild, und auch Euer Schlüssel ist ein feines Ding. Gewiß würde er gut zu meinem Schatzkästlein passen. Doch leider benehmt Ihr Euch wie ein Teufel, und mit einem Teufel – buhl ich nicht!"
Sie nahm ihre Kleider und löste den Bann. Sie bedachte ihn mit einem letzten Blick voller Bedauern und Verheißung und verschwand zwischen den Bäumen.
Der wilde Baron wollte ihr nacheilen, doch er besann sich. „Was soll ich denn tun?" rief er ihr nach. Er erhielt aber keine Antwort.
Von Stund an streifte der wilde Baron ruhelos durch den Wald. Er konnte das wunderschöne Waldmädchen nicht vergessen, Tag und Nacht mußte er an sie denken. Weder mochte er sein bisheriges

Leben weiterführen noch zu seiner zerstörten Burg zurückkehren. Alles, was er wollte, war, die Tochter der Waldfrau zu finden.

Die Menschen begannen sich Schauergeschichten zu erzählen über den wilden Baron, der jetzt im Wald sein Unwesen trieb. Und in der Tat war er greulich anzuschauen, wenn ihn jemand zu Gesicht bekam: Schmutzig und hohlwangig das Antlitz, zerfetzt die einst prächtigen Kleider und irre flackernd der unstete Blick.

Unter den Kindern der Dorfbewohner galt es als Mutprobe, wenn man in den Wald ging und den wilden Baron mit Erdklumpen oder Stöcken bewarf.

Einmal hatten sich wieder ein paar furchtlose Dreikäsehochs zusammengefunden und den wilden Baron im Walde aufgestöbert, wo er mitten auf einer kleinen Lichtung saß, den Kopf in die Hände gestützt und laut heulend wie ein Wolf. Als die Kinder sich heranschlichen, hallte der Warnruf eines Eichelhähers über die Lichtung, doch der Baron achtete nicht darauf.

Auch die Kinder überhörten es in ihrer Aufregung. Doch plötzlich ertönte hinter ihnen böses Gebrumm. Sie wandten sich um und kreischten auf, denn ein Bär fühlte sich von ihrer Anwesenheit gestört und kam nun drohend und hoch aufgerichtet auf sie zu. Schon war er nur noch einen Prankenschlag entfernt von einem kleinen Knaben, der wie gelähmt vor Entsetzen dastand und nicht zu fliehen vermochte. Die anderen schrieen ihm verzweifelt zu, er solle auf einen Baum klettern wie sie, doch er starrte mit tränenüberströmten Gesicht den riesigen Bären an, der ihn jetzt töten würde – und rührte sich nicht von der Stelle.

Da sprang mit einem Mal der wilde Baron zwischen das Kind und den wütenden Bären und stieß dem Ungetüm einen langen Dolch zwischen die Rippen, während dieses ihm seine messerscharfen Pranken in den Rücken grub. Beide fielen zu Boden und wälzten sich im Grase. Ach, furchtbare Wunden riß der Bär dem Baron! Allein, der Dolchstich war wohlgezielt gewesen, und das riesige Tier hauchte endlich das Leben aus. Mit letzter Kraft entwand sich der Mann der tödlichen Umarmung und blieb ohnmächtig neben dem erlegten Bären liegen.

Der kleine Knabe sah stumm auf den wilden Baron, und so verwundert war er, daß er sogar vergessen hatte, weiterzuweinen. Auch die anderen Buben saßen still und ungläubig in den Bäumen. Da trat die Tochter der Waldfrau auf die Lichtung, blieb neben dem wilden Baron stehen und sah lächelnd auf ihn hinab. Sie schickte die Kinder ins Dorf, Hilfe zu holen. Nie waren die Knaben schneller nach Hause gelaufen!
Die Tochter der Waldfrau aber nahm eine Salbe und strich davon über die schlimmen Wunden des Barons, um das Blut zu stillen. Als die Bauern kamen, das Unglaubliche zu sehen, war der Bärentöter bereits wieder zu sich gekommen, und sie trugen ihn in das Haus des Schulzen.
Von diesem Tage an hatten die Leute wieder einen Herrn, und der war so ruhig und gerecht, daß beinahe niemand glauben konnte, daß dies tatsächlich derselbe Mann war, den man einst den wilden Baron genannt hatte. Alle packten mit an, die Burg wieder aufzubauen, und als sie damit fertig waren, ging der Baron in den Wald. Diesmal fand er gleich die Hütte, wo die alte Waldfrau mit ihrer Tochter wohnte. Die Tochter trat aus der Tür und lächelte den Baron an. „Mein Schatzkästlein hab ich hier", sagte sie. „Habt Ihr denn auch Euren Schlüssel mitgebracht?"
„Wie könnte ich ohne den zu Euch kommen?" entgegnete der Baron und gab ihr einen Kuß.
Hand in Hand gingen sie zu der kleinen Lichtung, und dort öffnete der Baron endlich mit seinem feinen roten Schlüssel das seidig schimmernde Schatzkästlein des Waldmädchens. Und was er darin fand, waren lauter so unsagbar kostbare Edelsteine, daß er gar nicht mehr aufhören konnte, sie anzusehen. Sie hatten gar wohlklingende Namen: Glückseligkeit, Friede, Lebensfreud und so fort.
Und wenn der wilde Baron nicht gestorben ist, so betrachtet er diese Schätze noch heute immer wieder aufs Neue.

Ludwig der Stecher

Es war einmal ein edler Ritter, der war weithin berühmt für seine Geschicklichkeit im Waffenhandwerk. Man nannte ihn Ludwig den Stecher, denn am allerbesten war er beim Ringstechen mit der Lanze. Niemand hatte ihn je in dieser Disziplin versagen sehen. Wo immer es galt, die Lanze durch einen Ring zu jagen, sei es in vollem Galopp während des Turniers oder bei anderen Gelegenheiten – die Lanze Ludwigs des Stechers traf mit unfehlbarer Sicherheit, mochte der Ring groß oder klein sein. Manch eine Dame geriet ob seiner Künste in derartige Aufregung, daß sie wie ohnmächtig zusammensank, und wenn eine Magd den Tag besonders fröhlich begann, so mutmaßte man gleich, sie habe wohl Ludwig dem Stecher ihren Ring zum Üben geliehen.
Den ganzen Sommer über zog Ludwig der Stecher mit seinem Troß aus Knappen und Schildknechten durch die Lande, von Turnier zu Turnier, stets siegreich und umjubelt – und hochbezahlt. Den Winter aber verbrachte er jeweils am Hofe eines der großen Adelsherren, die sich nahezu darum stritten, ihn beherbergen zu dürfen, denn einen solchen Helden zu ihrem Gefolge zählen zu können, brachte ihnen großes Ansehen. Kurz, es konnte Ludwig dem Stecher nicht besser gehen. Manch einer schon hatte ihm seine Tochter zur Heirat angeboten, doch Ludwig der Stecher wollte lieber frei und ungebunden umherziehen und sich mit anderen Rittern messen, solange er noch jung und kräftig war.
Nun wurde es wieder einmal Winter, und Ludwig der Stecher begab sich auf die Reise in sein diesjähriges Winterquartier. Der Schwarze König hatte ihm eine beachtliche Menge Goldes versprochen, damit er den Winter an seinem Hofe verbrachte, und Ludwig der Stecher hatte diesem großzügigen Angebot nicht widerstehen können, obgleich man sich viel Merkwürdiges über den Schwarzen König erzählte. Es hieß, er habe alle Farben in seinem Königreich verboten. Nur Schwarz und Weiß seien erlaubt – die Farben der Trauer. Auch sei es dort verboten zu singen oder zu lachen oder gar zu tanzen. Die Musikanten durften nur traurige Melodien spielen, und Vögel, die es wagten, fröhlich zu zwitschern, wurden mit Pfeil

und Bogen erlegt und kamen in den Suppentopf. Dies alles klang Ludwig dem Stecher nicht besonders verlockend, aber das Leben als Turnierheld war kostspielig, und Geld hatte er stets zu wenig. Deshalb, und nur deshalb, hatte er sich in diesem Jahr für das Reich des Schwarzen Königs entschieden.

Eines Tages, die Nächte waren bereits empfindlich kalt geworden, und die ersten Herbststürme brausten über das Land, kam dem Troß des fahrenden Ritters eine merkwürdige Gestalt entgegen. Es war ein buckliger Zwerg im schwarz-weißen Narrengewand, der sich mit offensichtlich schmerzenden Füßen eilig dahinschleppte und sich immer wieder besorgt umwandte. Anscheinend befürchtete er, verfolgt zu werden.

„Wer bist du, und woher kommst du, daß du dich so sorgenvoll umsiehst?" erkundigte sich Ludwig der Stecher belustigt, denn der kleine, schiefe Mensch sah doch gar zu lächerlich aus.

„Ich bin Gaudio, der Narr des Schwarzen Königs! Ich mußte fliehen, denn ich habe versehentlich die Gesetze mißachtet. Nun fürchte ich, daß mir mein Herr nachsetzen läßt, um mich zu bestrafen."

„Welches Gesetz hast du denn gebrochen?"

Der Narr sah sich furchtsam um, als könne ihn der Schwarze König selbst hier noch hören. „Ich habe", flüsterte er dann kaum hörbar, „den Namen der Prinzessin erwähnt."

„Was ist denn daran so schlimm? Warum ist das verboten? Ist sie vielleicht so häßlich, daß der Schwarze König sich ihrer schämt?" Ludwig der Stecher und seine Begleiter lachten.

„Um Gottes Willen, edler Herr, nicht so laut", ängstigte sich der Narr. „Es ist so: Die Prinzessin verschwand vor vielen Jahren auf geheimnisvolle Weise aus ihrer Wiege. Seitdem ist ein jeder bei Todesstrafe zu tiefster Trauer verpflichtet, und es ist verboten, ihren Namen zu nennen, damit dem König nicht vollends das Herz bricht. Ein hartes Leben für einen Narren, das kann ich Euch sagen! Nun ist mir gestern aus Versehen der Name der Prinzessin herausgerutscht, und seitdem sind die Häscher meines Herrn hinter mir her!"

„Ihr steht ab sofort unter meinem Schutz, Gaudio", erklärte Ludwig der Stecher amüsiert. „Zeigt mir den Weg ins Reich des Schwarzen Königs, und ich will Euch gut belohnen."

Weil aber der Zwerg schon blutige Füße hatte vom vielen Laufen, durfte er auf einem Maultier neben seinem neuen Herrn reisen.
Am Hofe des Schwarzen Königs wurde Ludwig der Stecher von Fanfaren begrüßt, die einen Trauermarsch bliesen. Doch ihm zu Ehren wehte immerhin eine bunte Fahne in seinen Farben von den Zinnen. Der Schwarze König machte ein ärgerliches Gesicht, als er seinen Narren wieder erblickte, ließ ihn jedoch unbehelligt.
Es gab ein großes Festessen zu Ehren des berühmten Gastes. Befremdet sah Ludwig der Stecher überall nur in betrübte Gesichter, und die Tafelmusik war so herzzerreißend traurig, daß selbst ihm schwer ums Herze wurde. Zum Schlafen wurde er dann in ein prächtiges Gemach geführt, das noch viel prächtiger hätte sein können, wären die kostbaren Teppiche am Boden und an den Wänden und die Vorhänge des kunstvoll geschnitzten Bettes nicht allesamt tiefschwarz gewesen.
Kopfschüttelnd legte sich Ludwig der Stecher schlafen.
Mitten in der Nacht erwachte er, weil er zu hören glaubte, wie jemand seinen Namen rief. Er setzte sich auf und sah sich verwirrt um. Am Fenster erblickte er die Gestalt einer Jungfrau. Sie war wunderschön, und ihr durchsichtiges Hemd verhüllte nur sehr unwesentlich ihre wohlgeformten Brüste und die Stelle, wo er ihren rosigen Ring wußte.
„Wer seid Ihr, holde Jungfrau?" fragte Ludwig der Stecher entzückt.
Die Gestalt eilte lautlos zu ihm heran, schlüpfte zu ihm ins Bett und begann sogleich, ihn leidenschaftlich zu küssen. Ludwig konnte sein Glück kaum fassen und bat atemlos, sie möge ihm doch ihren Ring zeigen. Sie tat dies ganz unbefangen, und siehe, es war ein so wunderbares Stück, daß Ludwig der Stecher, der schon viele Ringe gesehen hatte, völlig überwältigt war. Er bat sie, schnell ein wenig Ringstechen üben zu dürfen, und sie gestattete es ihm lächelnd.
Als er, erschöpft, endlich wieder einschlafen wollte, spürte er, wie sich das Mädchen neben ihm erhob.
„Halt, wohin wollt Ihr?" fragte er schläfrig. „Geht nicht!"
Sie sah ihm noch einmal in die Augen und sprach: „Sucht nach der Wilden Sturmfrau. Dort findet Ihr mich, mein Retter!" Und schon eilte sie zum Fenster, löste sich dort in Luft auf und entschwand als leichter Nachtwind.

Um Ludwig den Stecher war es nun geschehen. Seine schöne nächtliche Besucherin hatte ihm nicht nur den Schlaf, sondern auch das Herz geraubt. Er mußte dieses Windmädchen wiederfinden, koste es, was es wolle! Hatte sie ihn nicht auch ihren Retter genannt? Was konnte ein Ritterherz höher schlagen lassen als die Aussicht, einer schönen Jungfrau in Not zu Hilfe zu eilen?

Beim Morgenmahl erzählte Ludwig der Stecher seinem Gastgeber von der nächtlichen Begegnung. Der Schwarze König erbleichte, denn das Windmädchen war seine Tochter gewesen, die schon manches Mal des Nachts im Schloß gesehen worden war.

„Oh, wenn Ihr sie mir zurückbringen könntet, Herr Ludwig!" flehte der betagte Herrscher seinen Gast an. „Sie war noch klein, als sie verschwand, und doch bereits so schön wie die Morgensonne. Mein Ein und Alles war sie! Wenn Ihr sie mir wiederbringt, sollt Ihr sie zur Gemahlin haben, und mein Königreich wird Euer sein!"

So brach Ludwig der Stecher also gleich wieder auf. Doch er ließ seinen Troß mit Knappen und Dienern im Schloß des Schwarzen Königs zurück. Nur Gaudio, der Narr, durfte ihn begleiten, denn dieser kannte die Prinzessin noch aus ihren Kindertagen und konnte seinem neuen Herrn daher vielleicht von Nutzen sein.

Nachdem sie viele Tage geritten waren, kamen sie an einen Sumpf, aus dem giftige, gelbe Nebelschwaden aufstiegen. Kein Lüftchen regte sich hier, kein Geräusch war zu hören, kein Leben zu entdecken. Doch am Rande des Sumpfes stand eine niedrige, moosgrüne Hütte. Dort lebte die Windstille, eine müde, alte Frau.

„Willkommen, Ludwig, du Stecher!" krächzte sie erfreut. „Viel hab ich von dir gehört, lang hab ich auf dich gewartet, nie sollst du mich verlassen!"

Damit ergriff sie den Ankömmling, zerrte ihn in ihre Hütte und auf ihr Lager, und noch ehe er wußte, wie ihm geschah, bot sie ihm erwartungsvoll ihren welken Ring dar.

Gaudio stand in der Tür und nickte dem Helden, der verstört zu ihm hinübersah, eifrig zu, daß er das Angebot annehmen müsse. Und Ludwig der Stecher übte wieder einmal das Ringstechen, wenn auch nicht mit der gewohnten Begeisterung. Nicht lange dauerte es,

da lag das alte Weiblein zufrieden hingestreckt und schnarchte, daß die morschen Balken der Hütte erzitterten.
„Fragt sie, wie man zur wilden Sturmfrau gelangt!" riet Gaudio seinem Herrn.
„Aber sie schläft!"
„Um so besser, sonst würde sie es Euch vielleicht nicht sagen!"
Also flüsterte Ludwig der Stecher der schlafenden Windstille seine Frage ins faltige Ohr.
„Keine Ahnung ..." antwortete sie zwischen zwei Schnarchern, und Ludwig sah den Narren vorwurfsvoll an. „Frag doch meine Schwester, die Leichte Brise. Die ist älter als ich ..."
Ludwig der Stecher seufzte bei den Aussichten, die sich ihm mit dieser Auskunft eröffneten. Doch er stieg unverzüglich in den Sattel und machte sich mit Gaudio davon. Die giftigen Nebel über dem Sumpf leuchteten ein wenig in der Dunkelheit, so daß die beiden Reiter nicht in den Morast gerieten.
Viele Tage später gelangten sie an eine Kette von steilen Bergen, an deren Fuß erneut eine Hütte stand, uralt und windschief, doch trocken. Hier wohnte die Leichte Brise, eine Greisin, die tatsächlich noch älter war als ihre Schwester, die Windstille.
„Willkommen, Ludwig, du Stecher!" kreischte die Leichte Brise voller Freude. „Viel hab ich von dir gehört, lang hab ich auf dich gewartet, nie sollst du mich verlassen!"
Damit ergriff sie den Ankömmling, zerrte ihn in ihre Hütte und auf ihr Lager, und – wie er bereits vermutet hatte – bot ihm erwartungsvoll ihren schlaffen Ring dar. Diesmal wußte er, was er zu tun hatte und bewies ihr behutsam seine Meisterschaft im Ringstechen.
Als sie dann neben ihm lag und so laut schnarchte, daß die Dachschindeln jedesmal ein Stück in die Luft flogen und klappernd wieder an ihren Platz zurückfielen, flüsterte er ihr seine Frage ins Ohr.
Sie antwortete nicht. Ratlos sah Ludwig der Stecher den Narren an, der wartend neben der Tür saß.
„Lauter", meinte dieser. „Wahrscheinlich hört sie schwer."
Der Ritter wiederholte seine Frage vernehmlicher. Nichts geschah. Schließlich schrie er der schnarchenden Alten die Frage rücksichtslos in das Ohr.

„Was weiß denn ich ..." murrte die Alte endlich im Schlaf, und er konnte sie kaum verstehen, weil die Schindeln eben wieder an ihren Platz zurückfielen. „Geh doch zu meiner Schwester Böiger Wind ..."
Ludwig nickte schicksalsergeben und machte sich mit Gaudio auf den Weg in die Berge. Der Mond schien hell, doch der Pfad wurde bald so steil, daß die beiden Männer ihre Pferde zurücklassen mußten und mühsam zu Fuß weitergingen.
Nachdem sie drei Tage so geklettert waren, kamen sie des Abends an eine Höhle, wo sie schon von einem weiteren Weib erwartet wurden, so klein und so uralt, daß es überhaupt nur aus Runzeln zu bestehen schien.
„Willkommen, Ludwig, du Stecher!" ächzte der Böige Wind. „Viel hab ich von dir gehört, lang hab ich auf dich gewartet, und doch wirst du mich verlassen!"
Sie ergriff den Ankömmling, zerrte ihn schlurfend in ihre Höhle und auf ihr Lager und – es war ihm klar gewesen – bot ihm erwartungsvoll ihren reisigdürren Ring dar. Er zögerte nicht, sondern erfüllte ihren Wunsch. Äußerst behutsam war er diesmal, denn er fürchtete, das trockene Ding werde zu Staub zerfallen, wenn er zu heftig seine Lanze hindurchstieß! Doch alles ging gut. Das Hutzelweiblein schlief bald ein und schnarchte so laut, daß sich Gesteinsbrocken von der Höhlendecke lösten und polternd herabfielen.
Diesmal schrie Ludwig der Alten seine Frage vorsichtshalber gleich ins Ohr. Wer bei solchem Lärm schlafen konnte, mußte ja stocktaub sein!
Der Böige Wind aber fuhr entsetzt aus dem Schlaf auf und herrschte ihn an: „Was mußt du denn so schreien? Ich weiß doch, wo du hinwillst! Die Wilde Sturmfrau, unsere Herrin, wohnt oben in den Wolken. Vom Gipfel führt eine Regenbogenbrücke hinüber. Und jetzt laß mich schlafen, du bist ein sehr anstrengender Gast!"
Frohgemut kletterten Ludwig und Gaudio am Morgen weiter. Sie erreichten den wolkenverhüllten Gipfel, von wo aus tatsächlich eine regenbogenfarbene Brücke zum Schloß der Wilden Sturmfrau hinüberführte.
Dort wurden sie von windzerzausten Dienern empfangen und vor die Wilde Sturmfrau geführt.

„So, so", fauchte diese, nachdem sie eine Weile um Ludwig den Stecher herumgeweht war und ihn von allen Seiten betrachtet hatte. „Zu retten seid Ihr gekommen, Herr Ritter? Vor mir braucht man niemanden zu retten. Hier geht es allen gut!"

„Aber die Tochter des Schwarzen Königs ..."

„Unzählige Töchter von unzähligen Königen dienen mir!" Die Wilde Sturmfrau wirbelte um die beiden Besucher herum. „Ihr müßt mir schon den Namen des Mädchens sagen."

Ludwig der Stecher blickte auf Gaudio, denn der wußte ja den Namen. Doch die Wilde Sturmfrau wies mit dem Finger auf den buckligen Zwerg und ein heftiger Wind wehte ihm in den Mund zurück, was er gerade hatte sagen wollen.

„Nicht er. Ihr, Herr Ritter, müßt mir den Namens sagen können! Sonst gilt es nicht", zischte sie arglistig. „Sagt mir ihren Namen, und sie mag mit Euch gehen!" Und die Wilde Sturmfrau brauste heiser lachend davon.

Es wurde immer schwieriger. Gaudio, der hätte helfen können, war nun stumm, und Ludwig hatte keine Ahnung, wie die Königstochter hieß.

Er wanderte ratlos im Schloß umher. Überall wehten hübsche Mädchen durch die Zimmer, lächelten ihm freundlich zu oder streiften ihn verheißungsvoll. Doch die eine, die er in jener Nacht im Schloß des Schwarzen Königs erblickt hatte, war nicht unter ihnen. Ludwig der Stecher war nahe daran zu verzweifeln.

Schließlich stieg er sogar in die Kellergewölbe hinab. Er öffnete alle Türen, schaute in alle Ecken, doch die Tochter der Schwarzen Königs fand er nicht.

Ganz zum Schluß fand er eine niedrige Tür, die verschlossen war. Es gab kein Schloß darin, sondern nur ein Loch mit einem engen, eisernen Ring. Als Ludwig hindurch schaute, erblickte er endlich die Prinzessin, nach der er suchte. Sie war mit eisernen Ketten an die Wand geschmiedet und weinte vor sich hin. Er rief: „He, Prinzessin! Heda!" Doch sie hörte ihn nicht.

Ludwig der Stecher überlegte nicht lange. Wo ein Ring war, hatte er von jeher immer nur eines getan! Er stieß seine Lanze in den engen, eisernen Ring, wohl wissend, daß er sie dabei verlieren würde.

Wehmütig sah er seine teure Lanze brechen. Doch sie öffnete ihm die Kerkertür, und er schloß die Tochter des Schwarzen Königs froh in seine Arme.

„Wie ist Euer Name, Liebste?"

Sie lächelte ihn unter Tränen an und antwortete: „Habmichlieb!"

„Aber das tu ich ja, Prinzessin. Ich liebe Euch von ganzem Herzen! Doch sagt mir jetzt schnell Euren Namen, damit ich Euch erlösen kann!"

„Habmichlieb ist ja mein Name!" lachte sie.

Er küßte sie froh und eilte zurück zur Wilden Sturmfrau.

„Ich weiß ihren Namen, Sturmfrau! Ich weiß ihn!"

„So? Dann sagt ihn mir."

„Habmichlieb heißt sie!"

Die Wilde Sturmfrau machte mit einem Mal ein viel freundlicheres Gesicht. „Ihr erstaunt mich, Stecherludwig, Ihr erstaunt mich gar sehr! Das hätte ich Euch nicht zugetraut. Hier habt Ihr Eure Lanze wieder, und da kommt Euer Habmichlieb. Nehmt beide und werdet glücklich miteinander!"

Erleichtert stellte Ludwig der Stecher fest, daß seine Lanze noch immer so gut wie neu war. Und in der Tat, da kam die Tochter des Schwarzen Königs mit Gaudio, dem treuen Narren!

Die Wilde Sturmfrau nahm die drei höchstpersönlich auf ihren Rücken und trug sie den ganzen langen Weg zum Schloß des Schwarzen Königs zurück.

Da wurde dann bald ausgelassen Hochzeit gefeiert. Habmichlieb und Ludwig der Stecher veranstalteten ein grandioses Turnier, das sie später noch ziemlich oft wiederholten. Gaudio durfte endlich wieder nach Herzenslust Witze reißen und die Leute zum Lachen bringen, er durfte grellbunte Kleider tragen und den Namen der holden Frau Königin immer und immer wieder sagen, ohne daß es ihm jemand übelnahm. Und wenn sie nicht gestorben sind, so ist Ludwig noch heute ein großartiger Ringstecher und hat seine Frau Habmichlieb von Herzen lieb.

Die Hütte im Walde

Es waren einmal drei Schwestern, von denen waren zwei hübsch und wohlgestalt, während die Dritte und Jüngste mit Häßlichkeit geschlagen war. Wann immer im Dorfe Tanz war, eilten die beiden älteren Schwestern und putzten sich heraus, um ihren Freiern zu gefallen. Sie scherzten dann wohl miteinander und waren nicht vom Spiegel fortzubekommen, während die Dritte ihnen traurig zusah. Schon längst wagte sich die jüngste Schwester nicht mehr zum Tanz, denn es wollte sowieso kein Mann mit ihr tanzen, weil sie so dürr und bleich war, und diese Schande mochte sie nicht mehr ertragen. So blieb sie stets zu Haus, mißmutig und gelangweilt ihre Arbeit verrichtend.

Einmal, als die beiden Schwestern wieder lachend und singend zum Tanze geeilt waren, ergriff die Jüngste still einen Henkelkorb und ging in den Wald. Ihre Eltern sahen ihr mitleidig nach, doch sie wußten nicht, wie sie die Not des Mädchens lindern sollten.

Traurig streifte das Mädchen durch den Wald und suchte Pilze. Immer tiefer drang sie in den Wald ein, immer dunkler und dichter wurde das Dickicht um sie herum. Sie sah sich nicht um, es kümmerte sie nicht, ob sie den Weg zurück finden würde, denn ihr war so elend zumute, daß sie am liebsten gestorben wäre. Irgendwann bekam sie aber Hunger und aß die wenigen Pilze, die sie gefunden hatte. Dann sah sie sich um und stellte fest, daß sie nicht wußte, wo sie sich befand. Nie zuvor hatte sie sich so tief in den Wald gewagt. Aber Angst hatte sie nicht, denn nichts erschien ihr schlimmer, als nach Hause zurückzukehren. Den Bäumen und Tieren war es schließlich egal, ob sie schön oder häßlich war. Da blieb sie doch lieber hier und fristete ihr Leben von dem, was sie zu Essen vorfand.

Wie sie sich jedoch noch einmal umsah, glaubte sie ein schwaches Licht zwischen den Bäumen zu sehen, und sie ging zögernd darauf zu. Wer wohnte denn so tief im Wald versteckt?

Es war eine niedrige, bemooste Hütte, die auf einer Lichtung stand und deren Fenster hell erleuchtet war. Das Mädchen schlich sich heran, lugte vorsichtig hinein und sah drinnen eine alte Frau und einen alten Mann am Tisch sitzen. Der alte Mann aber hatte goldene Haare und einen langen goldenen Bart, die strahlten so, daß es ganz hell in der Hütte war.

„Ich rieche Menschenfleisch, Mutter", knurrte der Mann.

„Du irrst dich, Söhnchen. Du fliegst den ganzen Tag über die Erde, wo so viele Menschen leben. Kein Wunder, daß du noch abends den Geruch davon in der Nase hast!"

„Das kann natürlich auch sein." Der alte Mann streckte sich. „Ich bin so müde. Ich werde schlafen gehen." Und das tat er auch.

Dem Mädchen am Fenster war Angst und Bange geworden bei seinen Worten. Zwar wollte sie nicht mehr unter den Menschen leben, weil sie so häßlich war, aber sie hatte ebenso wenig Lust, von einem komischen alten Mann gefressen zu werden, auch wenn er goldene Haare hatte.

Als der Alte schlief, winkte die Frau das Mädchen zu sich herein. Sie roch nach Moder und feuchter Erde, ihre Kleider waren ganz bemoost, und der Fußboden der Hütte schwankte unter den Füßen wie eine sumpfige Wiese. Als das Mädchen dann dicht vor der Frau stand, erkannte es, wie uralt diese wirklich war. Nur die Augen waren jung und klar und sahen die Besucherin freundlich an.

„Hab keine Angst vor mir, Kindchen. Komm und iß dich satt. Er hat wieder so viel übriggelassen."

Das Mädchen setzte sich an den Tisch und aß nach Herzenslust von all den guten Sachen, die da standen, bis sie nicht mehr konnte. Und plötzlich war sie ebenfalls schrecklich müde. Es gab aber nur ein einziges Bett in der Hütte. Wollte sie nicht auf dem feuchten, schwankenden Fußboden schlafen, so mußte sie sich das Bett wohl oder übel mit dem goldhaarigen alten Mann teilen.

Sie schlief also neben dem alten Mann ein. Er war schön warm und trocken, und im Schlaf kuschelte sie sich an ihn wie an einen Ofen. Dann aber, mitten in der Nacht, erwachte sie, weil sie seine Hände auf ihren mageren Brüsten spürte. Mit einem Schrei wollte sie sich aufsetzen, doch das ging nicht, denn er hatte sich über sie gebeugt und begann, sie glutvoll zu küssen. Entsetzt riß sie die Augen auf – und ihr Herz machte einen Sprung vor Freude, denn der alte Mann mit den goldenen Haaren war kein alter Mann mehr, sondern ein strahlend schöner Jüngling, der vor Lust bebte und sie begehrlich ansah.

„Was für eine angenehme Überraschung!" flüsterte er und küßte sie wieder. Das Mädchen spürte, wie sie vor Wonne nahezu zerfloß und gestattete ihrer Zunge, mit der des Jünglings innige Bekanntschaft zu schließen. Sie stöhnte und wand sich behaglich in seinen Armen. Bald darauf durchfuhr ihren Leib ein süßer Schmerz, und sie biß in des Jünglings duftende Schulter, um nicht zu schreien.
„Du tust mir weh, Mädchen", tadelte er. „Sieh nur, ich blute!" Tatsächlich floß Blut aus der Wunde. Aber sie lächelte ihn nur selig an, und da mochte er ihr nicht mehr böse sein. Sie küßten und umarmten sich weiter. Erneut überkam es das Mädchen, und wieder biß sie zu, um nicht zu schreien, diesmal in seine andere Schulter.
„Au, du hast mich schon wieder verletzt!" Unwillig betrachtete er das Blut auf seinen Schultern. „Sieh dich doch ein wenig vor, ich bitte dich!"
Sie nickte und strahlte ihn an.
Und weiter vergnügten sie sich. Der Jüngling kam unten zu liegen, und das Mädchen legte sich obenauf. Nun bat er sie, ganz besonders vorsichtig zu sein. Doch als er sie mit seiner Zunge recht angenehm liebkoste, überkam es sie wieder mit unwiderstehlicher Macht, und sie biß ihn in seinen köstlichen Schenkel.
„Nun habe ich aber genug!" fauchte er böse. Er schob sie beiseite, drehte sich um und war auf der Stelle wieder eingeschlafen.
Das Mädchen aber lag mit glänzenden Augen neben ihm und schmeckte sein Blut auf ihren Lippen. Überaus glücklich schlief auch sie wieder ein. Als sie im Morgengrauen erwachte und sich ihrem Bettgenossen zärtlich zuwandte, lag da ein kleiner Knabe mit goldenen Locken und sah sie verwundert an. Er blutete an den Schultern und am Schenkel.
„Mama!" jammerte er. „Ich kann heute nicht aufstehen. Mir tut alles weh!"
Die uralte Frau kam angeschlurft und sah ihn liebevoll an. „Das geht aber nicht, Söhnchen. Alle Welt wartet auf dich. Du mußt dich wieder auf den Weg machen. Komm, ich helfe dir auf."
Erstaunt sah das Mädchen zu, wie die Alte dem kleinen Jungen aus dem Bett half, ihm die goldenen Locken kämmte, die nicht recht leuchten wollten, und ihn behutsam vor die Hütte führte.

„Ach, ich fühle mich schon etwas besser, Mama. Gehab dich wohl bis heute Abend!"
„Bis heute Abend, Söhnchen!"
Als die Alte in die Hütte zurückkam und den schuldbewußten Blick des Mädchens sah, lachte sie. „Gräme dich nicht, Kindchen. Das kommt öfter einmal vor."
Sie gab dem Mädchen Wasser zu trinken. Und als es das getrunken hatte, fühlte es plötzlich eine unfaßbare Kraft in sich. Es war, als hätte sie die Sonne getrunken und diese wärme sie nun von innen.
„Was ist das für seltsames Wasser, Großmütterchen?"
„Die Menschen nennen es das Wasser des Lebens. Nun mach dich schnell auf den Weg nach Hause. Man sorgt sich bereits um dich!"
„Habt Dank für alles, liebes Großmütterchen!" freute sich das Mädchen und küßte der alten Frau die nassen, nackten Füße. Dann stürmte sie davon. Kaum hatte sie jedoch ein paar Schritte getan, stand sie bereits am Waldrand und sah schon das Haus der Eltern.
Am Horizont war gerade erst die Sonne aufgegangen – etwas matt, wie es schien – und stieg in einem blutigen Wolkenmantel den Himmel hinan, langsam und gemächlich wie jeden Tag.
Die Eltern aber erkannten ihre jüngste Tochter kaum wieder, denn sie war während der Nacht im Walde zu einer frischen, kraftvollen Frau geworden, die jedermann fröhlich anlachte und der die Arbeit so leicht von der Hand ging, als sei es ein Spiel. Wenn man sie aber fragte, was denn geschehen sei in jener Nacht, so schwieg sie.
Als das nächste Mal Tanz war, gingen die drei Schwestern gemeinsam hin, und erstaunt mußten die beiden älteren feststellen, daß sie unsichtbar geworden zu sein schienen, denn niemand wollte sie bemerken. Alle sahen nur auf die jüngste Schwester, die mit ihren strahlenden Augen und ihrem fröhlichen Lachen alle bezauberte. Die jungen Burschen warteten ungeduldig, bis sie endlich an der Reihe waren, mit ihr zu tanzen.
Nie wieder fühlte sich die jüngste Schwester häßlich, nie vergaß sie die Nacht im Walde, und jedesmal, wenn die Sonne vom blauen Himmel herabschien und sie wärmte, erinnerte sie sich an den goldhaarigen Jüngling, und wie er vor Lust gebebt hatte. Und wenn sie nicht gestorben ist, so gibt ihr das Wasser des Lebens noch heute Kraft.

Der Nagelschmied

Es war einmal ein Soldat, der hatte das Kämpfen und Fechten satt, mit dem er sich einige Jahre sein Brot verdient hatte. Er war noch nicht alt, aber auch nicht mehr so jung, wie er gewesen, als er Soldat geworden war, und er dachte sich, daß er die restlichen Jahre seines Lebens lieber auf andere Weise verbringen wollte. Denn einem wohlgemuten Herzen steht die ganze Welt offen, und ein kluger Kopf und zwei kräftige Arme sind überall willkommen. Er verabschiedete sich also von seinen Kameraden und zog los. Zuerst wollte er jedoch seine Eltern und seine Schwester besuchen, die in einer großen Stadt lebten. Der Vater war ein armer Nagelschmied, und auch der Soldat hatte dieses Handwerk einst erlernt.

Als er jedoch zu Hause ankam, fand er die ganze Stadt in Angst und Schrecken. Eine mächtige Zauberin hatte es auf die schönen Jungfrauen der Stadt abgesehen. Eine nach der anderen hatte sie entführt und sie, wie man sich erzählte, in Singvögel verwandelt, die sie in Käfigen gefangenhielt. Auch die Schwester des Soldaten hatte dieses Schicksal ereilt. Vor drei Tagen erst war sie in dem kleinen Gemüsegarten, den die Familie draußen vor der Stadtmauer besaß, beim Unkrautjäten gewesen, als plötzlich die böse Zauberin angeflogen kam, die Schwester des Soldaten ergriff und mit sich nahm, sie mochte schreien und weinen so viel sie wollte.

Diese Nachricht machte unseren Soldaten sehr zornig, denn nichts auf der Welt liebte er so sehr wie seine kleine Schwester. Und wer immer ihr etwas zuleide tat, der war sein ärgster Feind. Das hatte er schon als Knabe so gehalten.

Man berichtete ihm, daß die Zauberin in einem Schloß wohne, hoch oben auf einem entsetzlich steilen Berg von purem Eise, der so glatt und unbezwingbar war, daß es noch nie jemandem gelungen war, dort hinauf zu kommen. Doch das schreckte unseren Soldaten überhaupt nicht. Er begann, seine Vorbereitungen zu treffen. Als Nagelschmied wußte er, wie hilfreich, ja, unentbehrlich Nägel in den verschiedensten Lebenslagen sein konnten, und deshalb machte er sich daran, einen Vorrat von Nägeln der verschiedensten Längen und Dicken zu schmieden. Als er damit fertig war, umarmte er den

Vater, küßte die Mutter, schulterte seinen Tornister mit den Nägeln und einem guten Hammer darin und auch das Bündel mit der Wegzehrung und marschierte los.

Viele lange Tage mußte er gehen, bevor er endlich in der Ferne den Eisberg sehen konnte, und noch einmal so viele Tage brauchte er, bis er endlich an seinem Fuße angekommen war. Da aber konnte er die Spitze des Berges schon längst nicht mehr sehen, so hoch ragte sie in den Himmel.

Ohne zu zögern begann er, Nägel in den Eisberg zu schlagen, auf denen er dann nach oben kletterte. Einen Nagel nach dem anderen zog er aus seinem Tornister, und immer höher kletterte er. Endlich erreichte er die Spitze, und siehe da – die Nägel hatten ganz genau ausgereicht. Nur einen einzigen, ganz besonders großen Nagel hatte er noch übrig. Den bewahrte er wohl auf und begab sich zum Schloß der Zauberin.

Als er sich dem großen Tor näherte, öffnete es sich von selbst, und der Nagelschmied schritt ungehindert hindurch. Wie er aber das Schloß betrat, setzte ohrenbetäubender Lärm ein, denn überall hingen und standen die Käfige mit den in Vögel verzauberten Jungfrauen darin, und die sangen vor unbändiger Freude, daß ihr Retter endlich gekommen war. Von der bösen Zauberin jedoch war noch immer nichts zu sehen.

Unser Nagelschmied streifte durch das Schloß. Nirgends war eine Menschenseele zu sehen. Keine Diener, keine Wachen, niemand. Endlich kam er in den Thronsaal. Da saß die Zauberin auf einem Thron und erwartete ihn. Sie war eine junge und so schöne Frau, daß dem Nagelschmied schier der Atem stockte. Sie sah ihn zunächst ganz freundlich an und begrüßte ihn:

„Willkommen in meinem Reich, Fremder. Was ist dein Begehr?"

Der Nagelschmied gab sich alle Mühe, sich von ihrer Schönheit nicht beeindrucken zu lassen. „Ich bin gekommen, um meine Schwester, die du entführt hast, nach Hause zu holen. Gib sie auf der Stelle frei, und es wird dir nichts geschehen."

Da lachte die schöne Zauberin böse auf. „Mir? Mir wird nichts geschehen? Ich fürchte, du weißt nicht, wer von uns beiden die größere Macht hat!"

„Oh, doch, das weiß ich wohl, gute Frau. Meine Macht ist viel größer als Eure, denn ich bin ein Nagelschmied."
„Ein Nagelschmied! Das ist natürlich etwas anderes", spottete die Zauberin. „Ich vergehe vor Angst!"
„Gebt meine Schwester und die anderen Jungfrauen frei!"
„Gern", antwortete die Zauberin mit einem hinterhältigen Lächeln, „Öffne doch einfach die Käfige, dann können sie fortfliegen!"
„Ich will aber, daß Ihr auch den Fluch löst, mit dem Ihr die armen Mädchen belegt habt. Sonst wird es Euch schlecht ergehen!"
„Da bin ich aber gespannt!" lachte die Zauberin hochmütig. „Du kannst hier im Schloß wohnen, Nagelschmied, damit mir ja nichts entgeht von Deiner Macht!"
Der Nagelschmied wandte sich um und verließ den Thronsaal, während das schallende Gelächter der Zauberin noch lange im ganzen Schloß zu hören war.
Ärgerlich wartete er, bis es Nacht wurde. Dann nahm er den ganz besonders großen Nagel, den er noch hatte, und begab sich zum Schlafgemach der Zauberin. Die schlief in einem großen, goldenen Bett und ahnte nichts Böses.
Vorsichtig kroch er zu ihr unter die Decken, nahm den großen Nagel und trieb ihn mit einem kräftigen Schlag in den Leib der Zauberin. Sie erwachte mit einem gellenden Schrei und versuchte zu fliehen. Allein, der Nagelschmied lag auf ihr und sein Nagel hielt sie unverrückbar im Bett fest.
„Laßt die Mädchen frei, Frau Zauberin", forderte der Nagelschmied.
„Niemals!" schrie die Frau wütend. „Denn wenn ich sie freilasse, verliere ich meine Zauberkraft. Nein, ich gebe sie nicht her!"
Der Nagelschmied begann, sich auf ihr hin und her zu bewegen, so daß sie den Nagel in ihrem Leib stärker spürte. Sie schrie und wand sich unter ihm, doch er zeigte kein Erbarmen, sondern peinigte sie weiter, bis sie sich am Ende mit aller Kraft unter ihm aufbäumte und dann in eine tiefe Ohnmacht fiel.
Da verließ er sie und kehrte froher Dinge in sein eigenes Bett zurück.
Am nächsten Tag erst zeigte sich, welch geheimnisvolle Kräfte dem großen Nagel des Nagelschmiedes innewohnten. Die Zauberin

schien völlig verzaubert zu sein. Sie war überaus freundlich und auch gar nicht mehr hochmütig.

„Was ist das nur für ein sonderbares Ding, dein Nagel", meinte sie erstaunt. „Ich glaubte, du hättest mich ganz schrecklich zugerichtet damit, doch ich finde keine Wunden. Nur ein kleines Feuer scheint in meinem Leib zu brennen."

Der Nagelschmied sagte nichts dazu, sondern dachte sich sein Teil.

Als es Nacht wurde, ging er wieder zu der Zauberin. Diesmal schlief sie nicht, sondern lag wach und erwartete ihn.

„Hast du deinen Nagel mitgebracht?"

„Das hab ich", antwortete der Nagelschmied und stieß ihn ihr in den Leib. Sie schrie auf, doch klang es nicht wirklich, als ob sie vor Entsetzen schrie. Fast hätte man denken können, es gefiele ihr, so gefoltert zu werden. Doch nach wie vor weigerte sie sich, die gefangenen Jungfrauen zu erlösen.

Am nächsten Tag war die Zauberin so sanftmütig wie ein Reh und so anschmiegsam wie ein Kätzchen.

„Ach, Nagelschmied", schnurrte sie. „Ich glaube, du hast in deinem Nagel wirklich größere Macht versteckt, als ich dachte. Aber größer als meine Zauberkraft ist sie doch nicht."

Dazu sagte der Nagelschmied nichts und dachte sich sein Teil.

In der dritten Nacht ging er nicht zu ihr.

Als Mitternacht vorbei war, öffnete sich die Tür zu seiner Kammer, und die Zauberin schlüpfte herein.

„Was wollt Ihr von mir?" erkundigte er sich mürrisch. „Laßt mich schlafen."

„Aber ich dachte, du kommst wieder zu mir mit deinem Nagel", beklagte sich die schöne junge Zauberin.

„Ich gebe auf", erwiderte der Nagelschmied mißmutig. „Ihr habt die größere Macht. Ich kann nichts gegen Euch ausrichten."

„Aber ... aber nein ..." Die Zauberin war außer sich. „Du mußt es sicher nur weiter versuchen. Irgendwann werde ich gewiß einsehen, daß ich die Mädchen freilassen muß."

Der Nagelschmied drehte ihr den Rücken zu. „Nein. Ich kenne meinen Nagel gut genug. Wenn er es bis jetzt nicht geschafft hat, Euch zu überzeugen, ist die Sache aussichtslos."

Die Zauberin sprühte Funken vor Zorn, sie stürzte aus der Kammer und schlug erbost die Tür hinter sich zu.
Eine Weile später war sie wieder da.
„Und wenn ich dir verspreche, alle Jungfrauen freizulassen – auch deine Schwester?"
„Das tut Ihr ja doch nicht, Frau Zauberin. Denn dann verliert Ihr Eure Zauberkraft, und das wollt Ihr nicht. Laßt gut sein. Morgen kehre ich nach Hause zurück."
Enttäuscht schlich die Zauberin von dannen, und der Nagelschmied grinste vergnügt die Wand an.
Wenig später stand sie wieder an seinem Bett.
„Das Feuer brennt gar schrecklich in meinem Leib und verlangt nach deinem Nagel. Hab doch Erbarmen mit mir Elenden!" bat sie.
Der Nagelschmied sah sie über die Schulter hinweg an. Sie sah in der Tat erbarmungswürdig aus in ihrer Verzweiflung. „Also gut", willigte er ein, und die Zauberin atmete erleichtert auf. „Unter einer Bedingung!" fügte der Nagelschmied hinzu.
„Welche?" hauchte sie.
„Ihr laßt vorher alle Jungfrauen frei."
Sie sah ihn unglücklich an. „Jetzt gleich?"
„Wann Ihr wollt, Frau Zauberin. Aber bedenkt, morgen früh verlasse ich Euch!"
„Dann komm also mit mir", sprach die Schöne. Sie gingen im ganzen Schloß herum, und die Zauberin erlöste mit wenigen geheimnisvollen Worten die verzauberten Jungfrauen.
Voller Freude bestürmten die befreiten Mädchen ihren Retter, und seine Schwester hing an seinem Hals, als wolle sie ihn nie wieder loslassen. Der Lärm im Schloß aber war noch viel größer als der, den am Tage die Vögel gemacht hatten. Voller Entsetzen hielt der Nagelschmied sich die Ohren zu.
„Um Gottes Willen, Frau Zauberin, erlöst mich von dieser Plage!" schrie er, so laut er konnte, um den Lärm zu übertönen. „Laßt sie erst am Morgen frei, ich bitte Euch!"
Prompt verwandelten sich die quietschenden, kreischenden Jungfrauen wieder in kleine Vögel, die still in ihren Käfigen schliefen.

Erleichtert nahm der Nagelschmied die Hände von den Ohren, ergriff die lächelnde Zauberin und nagelte sie auf der Stelle an die nächste Wand. Und niemand weiß, ob die Jungfrauen am Ende je erlöst worden sind ...

Die Königin der Nacht

Es war einmal ein mächtiger König, der lebte in aller Pracht in seinem glanzvollen Palast und fühlte sich ein Hätschelkind des Schicksals, denn er hatte eine schöne, kluge Gemahlin und zwei entzückende Söhne, die er über alle Maßen liebte.

Eines Tages war er mit großem Gefolge zur Jagd ausgeritten und rastete gerade auf einer Lichtung, als eine Hirschkuh mit goldenem Geweih aus dem Gebüsch hervorbrach und mit wenigen, anmutigen Sätzen die Lichtung überquerte.

Der König verlor nicht lange Zeit, sein Pferd stand nahebei, er schwang sich in den Sattel und setzte dem seltsamen Tier nach. Tiefer und tiefer drang er in den Wald ein, einzig von dem Gedanken besessen, dieses ungewöhnliche Wild zu erlegen. Endlich, als es bereits dämmerte im Wald, blickte er einmal um sich und erkannte, daß er völlig allein war, denn seine Mannen, die zunächst versucht hatten, ihm zu folgen, waren längst nicht mehr in seiner Nähe. Auf sein Rufen antwortete niemand, und auch von der Hirschkuh war nichts mehr zu sehen.

Der König war jedoch voller Leidenschaft und beschloß, die Nacht abzuwarten und die Hirschkuh morgen früh zu erlegen. Er zündete sich ein kleines Feuer an, wärmte sich die Hände und sah hungrig in die Flammen, denn zu essen hatte er nichts bei sich.

Plötzlich trat zwischen den Bäumen eine junge Frau hervor, die so verführerisch schön war, daß der König vergaß sich zu erschrecken. Sie trug eine Krone aus Mondschein und ein Gewand aus Sternenlicht und in der Hand ein diamantenes Zepter, mit dem sie auf ihn zeigte und fragte:

„Was habe ich Euch getan, daß Ihr mir den ganzen Tag nachstellt, um mich zu töten?"

Der König erschrak nun doch. „Ich habe ja nicht Euch gejagt, liebe Frau, sondern eine Hirschkuh!"

„Dummkopf!" schalt die Schöne ihn. „Die Hirschkuh mit dem goldenen Geweih bin ich! Vor Euch steht die Königin der Nacht!"

„Verzeiht mir!" Der König fiel vor ihr auf die Knie. „Das habe ich nicht gewußt!"

„Zur Strafe werde ich Euch in einen Bären verwandeln, und Ihr sollt für immer hier im Walde leben!"
Der König begann zu zittern und zu bitten, daß sie ihm vergeben und ihn zu seiner Familie zurückkehren lassen möge. So elend sah er aus in seiner Angst, daß sie endlich doch Erbarmen mit ihm hatte.
„Nun denn, kehrt nach Hause zurück. Aber versprecht mir, daß Ihr mir in drei Jahren das geben werdet, was Ihr jetzt in Eurem Hause nicht wißt!"
Der König dachte einen Moment nach, doch ihm fiel nichts ein, was heute morgen noch nicht in seinem Palast gewesen war und von dem er jetzt nichts wüßte.
„Ich verspreche es!" stimmte er erleichtert zu.
Die Königin der Nacht lächelte und verschwand zwischen den schweigenden Bäumen wie ein Nebelstreif.
Am Morgen machte sich der König auf den Weg nach Hause. Er hatte den Wald noch nicht verlassen, als er seinen Dienern begegnete, die nach ihm suchten. Froh, ihn gefunden zu haben, verkündeten sie ihm:
„Denkt Euch nur, Majestät, gestern Abend kam die Königin nieder und gebar Euch Euren dritten Sohn!"
Der König erblaßte, denn daran, daß seine Gemahlin guter Hoffnung gewesen war, hatte er nicht gedacht, als er der Königin der Nacht sein Versprechen gegeben hatte.
Von seinen Eltern stets mit traurigen Blicken bedacht, wuchs der jüngste Sohn des Königs auf. Niemand wußte Rat, wie man den kleinen Knaben vor der Königin der Nacht retten konnte, denn ihre Macht war allen wohlbekannt. Und auf den Tag genau drei Jahre nach der Geburt des kleinen Prinzen erschien sie im Palast und nahm ihn mit sich, ungerührt von den Tränen seiner Mutter und dem gramvollen Antlitz seines Vaters.
So wurde der Sohn des Königs zu einem Kind der Nacht. Er spielte mit Feenkindern und tollte mit Kobolden umher und hatte bald vergessen, daß es nicht schon immer so gewesen war. Bei Tageslicht war er ein junger Hirsch, doch jeden Abend warf er sein Fell ab und nahm wieder seine menschliche Gestalt an, um sich in nächtlichen Wäldern und Weihern mit seinen Gespielen zu vergnügen.

Mit den Jahren wuchs der Königssohn zu einem schönen jungen Burschen heran, dessen schlanke Glieder ebenso voller Kraft und Anmut waren wie die des jungen Hirsches, der er tagsüber war. Jeden Abend nahm er ein Bad in seinem Lieblingswaldsee, beschienen von Mond und Sternen und bewundert von allen Geschöpfen der Nacht.

Einmal aber begab es sich, daß die junge Magd eines Bauern des Nachts an diesem See saß, weil sie aus Liebeskummer nicht hatte schlafen können. Sie saß am Ufer und seufzte ein ums andere Mal ihre Schwermut in die nächtliche Stille, als der Hirsch zwischen den Bäumen hervortrat.

Atemlos beobachtete sie, wie er sein Fellkleid abwarf und plötzlich ein schöner nackter Mann war, der ins Wasser glitt und im schimmernden Mondlicht ein ruhiges Bad nahm. Mit einem Schlag hatte die Magd alles vergessen, was je ihr Herz bedrückt hatte. Verlangen packte sie, und sie konnte sich schier nicht satt sehen an diesem Mann, dessen geschmeidiger, glänzender Körper die dunkel spiegelnde Wasserfläche durchschnitt und die Wellen leise plätschern ließ. Sie überlegte nicht lange, sondern schlich hinüber auf die andere Seite, wo das Hirschfell lag, nahm es schnell an sich und huschte zurück.

Zwischen den Bäumen erschienen zarte Feengestalten und merkwürdige Kobolde, mit denen der Mann lachend zu spielen begann. Mit großen Augen sah die Magd eine Weile zu, dann bekam sie es schließlich doch mit der Angst zu tun und machte sich davon.

Daheim entfachte sie das Herdfeuer und warf mit vor Aufregung zitternden Händen das Hirschfell hinein. Während sie aber zusah, wie es verbrannte, ertönte vom Walde her ein langer, entsetzlicher Schrei, der dem Mädchen einen Schauer den Rücken hinabjagte, und sie verkroch sich vor Angst im Stall, wo sie in einem kleinen Verschlag hauste.

Der Königin der Nacht konnte sie so nicht entkommen. Die stand dennoch auf einmal wie aus dem Boden gewachsen vor ihr in ihrem Kleid aus Sternenlicht und mit der Krone aus Mondschein und richtete das diamantene Zepter gegen die Magd und sprach mit finsterer Miene: „Du dummes Ding, wie konntest du es wagen, dich an einem meiner Geschöpfe zu vergreifen? Meinen schönsten Diener hast du mir entrissen. Aber das wird dir keine Freude bereiten, fürwahr! Er ist nun dein, aber das Glück wird euch meiden. Dafür habe ich gesorgt." Damit verschwand sie genauso plötzlich, wie sie erschienen war.

Die Magd eilte zurück zum Waldsee, wo am Ufer der nackte Königssohn kauerte und laut wehklagte. Als er sie erblickte, sprang er auf und rief: „Warum nur hast du das getan? Uns beide hast du ins Unglück gestürzt!"

„Aber nein", antwortete die Magd. „Ich liebe dich doch! Bleib bei mir und unter uns Menschen, und wir werden glücklich sein."

„Du weißt nicht, was du redest", antwortete er verzweifelt. „Wie sollen wir denn glücklich werden? Wenn du mich je berührst, und sei es auch nur aus Versehen, so ist es um mich geschehen! Dann muß ich fort und darf ich nie wieder hierher auf Erden!"

Die Magd sah den Jammer in des Königssohnes Augen, und tiefe Reue erfaßte sie. Doch es war zu spät – das Hirschfell war längst zu Asche verbrannt. Nun mußten sie beide den Weg gehen, den sie so unbedacht gewählt hatte.

Der Königssohn arbeitete fortan als Knecht für den Bauern und lebte mit der Magd im Stall. Das war nicht schön, aber es ließ sich ertragen. Schlimmer war, daß sie einander tatsächlich zu lieben begannen. Denn damit wurde das Verbot sich zu berühren erst zur wirklichen Qual. Wann immer sie sich ansahen, begehrten sie einander mit einer Leidenschaft, die sie schier um den Verstand zu bringen drohte. Wenn sie am Verzweifeln waren, konnten sie einander stets nur mit Worten und Blicken trösten, nie aber in des anderen Armen Zuflucht suchen, wollten sie einander nicht für immer verlieren.

Eines Abends aber kam, was kommen mußte. Sie lagen in dem von einer schlechten Talgkerze notdürftig beleuchteten Verschlag, der ihr Zuhause war, jeder an eine Wand gedrückt und doch nicht einmal eine Armeslänge von einander entfernt, und sahen sich sehnsüchtig an.

„Was geschieht dir, wenn wir uns berühren, Liebster?"

„Dann verbannt mich die Königin der Nacht in ihr Schloß in der Dunkelwelt, wohin kein Lebender gelangen kann und von wo es kein Zurück gibt. Dann sehen wir uns nie wieder."

„Aber ich kann so nicht weiterleben."

„Auch ich ertrage es nicht länger, Liebste." Und die Magd sah, wie eine Träne aus dem linken Auge des stolzen Königssohnes rann und eine glitzernde Spur auf seiner glatten Wange hinterließ. Ehe sie sich's versah, war sie bei ihm und küßte die Träne fort. Da strömten nun noch viel mehr heraus, und auch sie begann zu weinen, denn sie wußten, daß sie nun getrennt würden. Sie hielten einander fest umschlungen und küßten sich, als wären sie am Verdursten und der andere ein Brunnen mit frischem, klarem Wasser. Allein, es half ihnen nichts.

Die Königin der Nacht erschien in ihrem Kleid aus Sternenlicht und mit ihrer Krone aus Mondschein und nahm den Königssohn lachend mit sich, während die Magd laut jammernd zurückblieb.

Am nächsten Morgen trocknete die Magd ihre Tränen und machte sich auf, den Liebsten zu suchen. Sie sagte allen Leuten auf dem Hof Lebewohl und wanderte in die Welt hinaus.

Sie lief immer gen Sonnenuntergang, denn dort, so meinte sie, müsse ja wohl das Reich der Königin der Nacht liegen. Als sie schon viele, viele Tage gegangen war, machte sie einmal erschöpft Rast bei einem Bächlein, das munter durch die Wiesen plätscherte, und wie sie so in das klare Wasser sah, entdeckte sie auf einmal eine Fliege, die auf Gott weiß welche Art ins Wasser geraten war und nun mit allen Kräften um ihr Leben kämpfte.

„Na, komm, Flieglein, ich helfe dir da heraus", meinte die Magd voller Mitleid und schöpfte die Fliege mit der hohlen Hand aus den hellen Strudeln des Baches. Sie pustete sie trocken und sah ihr freundlich zu, wie sie nach und nach wieder zu sich kam.

„Hab Dank, liebes Mädchen", summte die Fliege. „Du hast mir das Leben gerettet. Dafür will ich mich dir gefällig erweisen. Was also kann ich für dich tun?"

„Ach, ich suche das Reich der Königin der Nacht, um meinen Liebsten aus ihrer Gewalt zu befreien. Seit langem schon laufe ich im-

mer gen Westen, und komme, scheint's, doch kein Stück näher ans Ziel."
„Hihihi...", kicherte die Fliege. „Das ist ja auch kein Wunder. Ich sehe schon, es ist dein Glück, daß du mich getroffen hast. Wisse: Du kannst den ganzen Rest deines Lebens damit verbringen, auf Erden herumzulaufen, um das Reich der Königin der Nacht zu suchen. Du wirst es so nicht finden."
„Warum denn nicht?" wunderte sich die Magd.
„Nun, weil man schließlich nur im Schlaf dorthin findet." Die Fliege putzte sich erneut ihre durchsichtigen Flügel, als wäre, was sie gesagt hatte, die selbstverständlichste Sache von der Welt.
„Ach, liebes Flieglein, wenn du so viel weißt – kannst du da nicht mit mir kommen und mir gegen die Königin der Nacht beistehen?"
„Gern", antwortete die Fliege. „Aber laß uns bitte nicht hier in der prallen Sonne schlafen, davon bekomme ich Kopfweh."
Die Magd und die Fliege suchten also ein sicheres und kühles Plätzchen abseits des Weges und legten sich dort schlafen.
Nach einer Weile fragte die Magd: „Was ist, schlafe ich schon?"
„Nein. Du hörst doch noch die Vögel singen. Im Reich der Königin der Nacht gibt es so etwas nicht."
Noch ein Weilchen später fragte die Magd: „Und jetzt? Schlafe ich jetzt?"
Die Fliege seufzte über soviel Unverstand. „Nein. Du spürst doch noch den Windhauch, der über dein Gesicht streicht. Im Reich der Königin der Nacht gibt es so etwas nicht."
Schließlich wurde es ganz still um sie herum, nichts regte sich mehr.
„Flieglein?" fragte die Magd zögernd. „Bist du noch da?"
„Ja, bin ich", summte es. „Und jetzt sind wir auch am Ziel. Du kannst die Augen aufmachen."
Furchtsam sah die Magd sich um. Ringsum sah es genauso aus wie oben auf der Erde, wo sie eingeschlafen waren. Nur gab es weder Farben noch Geräusche. Alles war grau und in tiefes Schweigen gehüllt. Die Magd begann sich zu fürchten und war froh, daß sie nicht allein war. Die Fliege summte ihr ins Ohr.

„Gleich hinter der Wegbiegung wirst du das Schloß der Königin der Nacht sehen. Ich verstecke mich in deinem Ohr, Mädchen, denn die Alte darf mich hier nicht sehen, sonst schlägt unser letztes Stündlein. Höre nur immer auf das, was ich dir rate. Immer, hörst du!"
Die Magd nickte und verzog das Gesicht, als die Fliege es sich in ihrem Ohr gemütlich machte, denn das krabbelte entsetzlich. Dann aber saß die Fliege still, und die Magd machte sich beherzt auf den Weg zum Schloß.
Kaum hatte sie es erblickt, erschien auch schon die Königin der Nacht wieder in ihrem Gewand aus Sternenlicht und mit der Krone aus Mondschein und herrschte sie an: „Wer hat dir den Weg hierher gezeigt? Den hast du nicht von allein gefunden!"
„Doch", beteuerte die Magd. „Ich war müde und bin eingeschlafen, und plötzlich war ich hier."
„Und was willst du?"
„Ich will meinen Liebsten wiederhaben."
„Ach, was! Das glaubst du nur, weil du ihn nicht wirklich kennst. Solche wie ihn gibt es viele. Geh nach Hause und nimm dir einfach einen anderen", sprach die Königin der Nacht.
„Sag, daß das nicht wahr ist ...", wisperte die Fliege.
„Das ist nicht wahr!"
„Sieh doch selbst, Kind!" Die Königin der Nacht lächelte böse und schwang ihr diamantenes Zepter. Daraufhin erschienen zwölf junge Männer, die alle dem Königssohn aufs Haar glichen und sich um das Mädchen drängten:
„Ich bin's, dein Liebster, erkennst du mich nicht?"
„Glaub ihm nicht, Liebste, *ich* bin es. Wie lange habe ich auf dich gewartet!"
„Sie lügen alle, Liebste! Erinnerst du dich noch, wie sich meine Haut anfühlt? Hier ..."
Die Fliege im Ohr aber summte: „Nein, die sind es alle nicht. Siehst du den da hinten, der sich zurückhält? Und hast du auch die Träne gesehen, welche die Alte ihm jetzt schnell wegwischt? Das muß er sein. Geh hin und sieh ihm in die Augen, dann wirst du es wissen."

Die Magd drängte die jungen Männer beiseite und ging auf den einen zu, der noch bei der Königin der Nacht stand. Sie sah ihm in die Augen und wußte sofort, wen sie vor sich hatte. „Endlich habe ich dich gefunden, Liebster", sprach sie, und beide streckten sie die Hand aus, um sich zu berühren.
„Ha!" schrie da die Königin der Nacht. „So einfach ist das nicht, meine Gute! Ich werde dir schon noch beweisen, wie sehr du dich in ihm täuschst!" Eine kleine Bewegung des Zepters ließ alle zwölf Männer mit einem Schlag verschwinden. „Komm nur mit ins Schloß, du dummes Ding. Da zeig ich dir was!"
Sie führte die Magd ins Schloß und bewirtete sie auf das Köstlichste. Dabei war sie gar nicht mehr zornig, sondern machte eher ein freundliches, ja, mitleidiges Gesicht.
„Mein Kind, ich verstehe ja, daß du ihn liebst. Er ist ja auch ein sehr schöner Mann, nicht wahr. Aber siehst du, es ist so, daß seine Liebe nicht so groß wie die deine ist. Er schaut nicht nur nach anderen Frauen, nein, er nimmt sie sich auch, ohne auch nur einen Gedanken an dich zu verschwenden."
„Sag, daß das nicht wahr ist ...", wisperte die Fliege.
„Das ist nicht wahr!"
„Sieh doch selbst, Kind!" Die Königin der Nacht lächelte wieder böse und ließ die Magd durch ein Schlüsselloch in ein prunkvolles Schlafgemach blicken, wo sich der Königssohn nach Herzenslust mit zwei drallen Weibsbildern vergnügte, daß das Bett in Stücke zu gehen drohte. Alle drei waren nackt und wanden und schlangen sich leidenschaftlich umeinander, küßten und liebkosten sich auf jede nur erdenkliche Art, wie die Magd und der Königssohn es nie miteinander hatten tun können.
Die Magd erbleichte erst, dann stieg ihr das Blut zu Kopfe. Die Königin der Nacht hatte recht – er liebte sie nicht. Würde er sie sonst so schamlos betrügen?
„Geh hinein und sieh ihm in die Augen ...", wisperte die Fliege.
„Das kann ich nicht!" weigerte sich die Magd. „Es tut so schon weh genug."
„Nichts weißt du, bis du ihm genau in seine Augen gesehen hast. Geh hinein!"

Die Magd folgte dem Rat der Fliege und betrat das Zimmer. Das Dreiergespann im Bett stob auseinander, und der Königssohn sah verlegen seiner Liebsten entgegen. In seinen Augen jedoch glänzte noch die Begeisterung über das soeben Erlebte, er konnte sie nicht verbergen. Aber als die Magd genauer hinsah, erkannte sie auch die Träne, die in seinem Augenwinkel hing und die ihr von seiner Angst erzählte, sie nun zu verlieren. Sie lauschte auf die Stimme in ihrem Ohr. „Ich will, daß du glücklich bist", sagte sie dann. „Bist du hier glücklicher als mit mir auf Erden?"
„Nein", antwortete der Königssohn und schüttelte ernsthaft den Kopf. Die Fliege wisperte: „Er spricht die Wahrheit. Er liebt dich und keine andere. Sieh in seine Augen."
Die Magd tat so und sah, daß die Fliege recht hatte.
„Ich verzeihe dir, Liebster."
Draußen vor dem Schlafgemach kreischte die Königin der Nacht wie eine Wahnsinnige auf: „Das kann doch nicht wahr sein!" tobte sie, „Das glaube ich einfach nicht!"
Sie stürmte herein wie ein rasendes Unwetter, richtete ihr diamantenes Zepter gegen den armen Königssohn und verwandelte ihn auf der Stelle in einen stinkenden und hinkenden, mißgestalteten Aussätzigen, daß die Magd zurückprallte und aufschrie vor Entsetzen.
„So, wenn du ihn immer noch willst, dann nimm ihn nur mit, du dummes Ding! Dann ist dir eben nicht zu helfen", höhnte die Königin der Nacht.
„Sieh in seine Augen ...", wisperte die Fliege.
Die Magd sah dem Aussätzigen mit dem verunstalteten Gesicht in die Augen und erkannte, daß es noch immer dieselben waren, und daß unter dem häßlichen Äußeren noch immer das Herz dessen schlug, den sie liebte.
„Nimm seine Hand und geht zurück zu der Stelle, wo du die Augen aufgemacht hast", gebot die Fliege.
Die Magd tat einen tiefen Seufzer und gehorchte der Fliege ein letztes Mal. Wohlbehalten gelangte sie mit ihrem Königssohn an der besagten Stelle an, und sie legten sich nieder, eng umschlungen und von nun an unbehelligt von der Königin der Nacht.

Als die Magd wieder erwachte, lag in ihrem Armen der Königssohn und war so schön, wie er immer gewesen war. Neben ihrem Ohr aber summte die Fliege und erzählte ihr, daß ihr Liebster der Sohn des Königs sei, dessen Schloß gleich hinter der Wegbiegung liege.
„Wenn du mich wieder einmal brauchst, ruf nach mir. Ich komme dir sofort wieder zu Hilfe!" verabschiedete sich die Fliege und summte davon.
Die Magd aber weckte ihren schönen Königssohn, ging mit ihm auf das Schloß des Königs, wo sie von seinen Eltern und Brüdern auf das Herzlichste empfangen wurden. Bald darauf wurde Hochzeit gefeiert. Auch die Königin der Nacht war eingeladen. Sie erschien des Abends, und ihr Kleid aus Sternenlicht und ihre Krone aus Mondschein leuchteten heller als alle Kerzen, die man angezündet hatte. Sie grollte nicht länger und gab dem jungen Paar bereitwillig ihren Segen.
Ihr Leben lang genossen die beiden Liebenden das Glück, sich ungehindert überall und auf jegliche Art berühren zu dürfen, die ihnen nur einfallen wollte. Und wenn sie nicht gestorben sind, so fällt ihnen bestimmt auch heute noch immer wieder etwas Neues ein ...

Hans Butterhand

Es war einmal in einem Land, sehr fern von hier, hinter sieben Bergen und sieben Meeren, ein Königreich, das war reich gesegnet mit Wohlstand und Freude. Niemand litt Hunger, und niemand mußte sein Brot mit Betteln erwerben, wenn er nicht wollte. Alle lebten glücklich und zufrieden. Nur ein einziger Mann in diesem wunderbaren Königreich war todunglücklich – der König. Er besaß einen unvergleichlichen Schatz: zwölf liebliche Töchter, eine schöner als die andere, eine tugendhafter als andere. Zumindest bei Tage. Nachts aber, und das war es, was dem armen König so viel Kummer bereitete, nachts war es vorbei mit ihrer Tugendhaftigkeit.
Dann nämlich folgten die zwölf Prinzessinnen dem Ruf des Fürsten der Lüste, besuchten ihn und seine Gesellen im Reich der Begierde und vergnügten sich dort bis zum Morgengrauen, woraufhin sie dann erschöpft in ihre Betten zurückkehrten und bis zum Mittag schliefen. Sie waren vom Fürsten der Lüste – man sagte gar: vom Teufel – besessen, daran bestand kein Zweifel. Keine Morgenandacht, keine Hochmesse war von der Anwesenheit der zwölf Königstöchter gekrönt. So waren sie zwar schön und tagsüber wohl auch tugendhaft, aber fromm waren sie nicht. Und das war schlimm, denn niemand wollte auch nur eine von ihnen zur Frau nehmen, der König mochte als Brautgabe anbieten, was er wollte.
So überlegte sich der sorgenvolle Vater etwas anderes. Er besann sich auf eine alte Gepflogenheit von Königen und ließ verkünden, daß, wer die Prinzessinnen von ihrer Besessenheit befreite, sich nicht nur eine von ihnen aussuchen dürfte, sondern auch das halbe Königreich, und nach dem Tode des alten Königs sogar noch die andere Hälfte bekommen würde. Dazu war es lediglich nötig, die zwölf Töchter eine einzige Nacht lang davon abzuhalten, dem Fürsten der Lüste zu folgen. Dann wäre der Bann gebrochen, so hatte eine weise alte Frau vorhergesagt.
Dies freilich klang den Söhnen der Nachbarkönige und -fürsten und den Grafen und Freiherren schon ganz anders in den Ohren. Eine schöne, stets tugendhafte und noch dazu fromme Prinzessin wollten sie alle gern haben, besonders, wenn obendrein die Thron-

nachfolge in einem so reichen Land winkte. Und das Problem mit der seltsamen Besessenheit ließ sich sicher lösen.
So wanderten sie zunächst in Scharen in die Hauptstadt, um ihr Glück zu versuchen. Doch als sich herumzusprechen begann, daß ein jeder der Kandidaten des Morgens tot aus dem Schlafsaal der Prinzessinnen getragen wurde, ließ das Interesse der anderen merklich nach. Ihr Leben wollten sie ja nun nicht unbedingt dran geben müssen! Da fanden sich denn immer weniger Mutige, die sich des Nachts mit den zwölf Schwestern in den Schlafsaal einschließen lassen wollten, und der König raufte sich die Haare vor Verzweiflung.
Nun lebte am Rande der Hauptstadt ein junger Töpfer, der wohnte mit seiner Mutter in einem winzigen Häuschen, das sich an die Stadtmauer schmiegte wie ein Küken an die Glucke. In der Töpfergasse und auf dem Markt nannten ihn alle nur Hans Butterhand, weil er sich zum großen Ärger seiner Mutter jeden Abend die Hände mit Butter einrieb, damit sie nicht so rauh waren wie die der anderen Töpfer. Die Mutter beklagte sich gar oft über ihren mißratenen Sohn, dessen Eitelkeit es nicht zuließ, als Merkmal seines Handwerks rauhe Hände zu haben wie ein jeder anständige Töpfer.
Hans Butterhand jedenfalls, als er eines Tages bei einem prunkvollen Turnier zuschaute, das vor den Toren der Stadt abgehalten wurde, erblickte die jüngste der zwölf Töchter des Königs, und es war um ihn geschehen. Fortan mußte er ständig an ihr liebliches Gesicht mit den verlockenden Rosenlippen denken. So schlimm stand es um ihn, daß er keine Becher und Krüge, Schüsseln oder Töpfe mehr formte, sondern immer nur irdene Abbilder der jüngsten Prinzessin.
Seine Mutter erklärte ihn mürrisch für vollends verrückt, aber wenn er schon so verschossen in des Königs Jüngste sei, so könne er auch gleich aufs Schloß gehen und seine Angebetete mitsamt ihren Schwestern aus dem Banne des Fürsten der Lüste erlösen.
Das ließ sich Hans Butterhand nicht zweimal sagen. Er nahm das letzte Schüsselchen Butter mit, das sie noch im Hause hatten, und begab sich schnurstracks zum Schloß.

Als er der Wache sein Anliegen vortrug, lachten die Söldner ihn aus. Doch er bestand darauf, daß man ihn zum König führte. Da ging denn der Wachhauptmann zum König und berichtete ihm den Spaß.

„Denkt Euch nur, Majestät, am Tor steht ein Töpfer und begehrt Einlaß, weil er, hihi, Eure Töchter erlösen will!" Erneut begann der Hauptmann zu lachen, daß ihm die Tränen über beide Wangen liefen.

Der König jedoch wiegte den Kopf und meinte: „Was haben wir schon noch für eine Wahl? Seit drei Wochen ist niemand mehr hiergewesen, um die Nacht im Schlafsaal meiner Töchter zu verbringen. Ich hatte schon alle Hoffnung aufgegeben. So mag es denn ein Töpfer versuchen. Führt ihn zu mir!"

Als Hans Butterhand vor dem König erschien und eine tiefe Verbeugung gemacht hatte, sah dieser ihn von seinem Thron herab prüfend an.

„Du also willst meine Töchter davon abhalten, die Nacht mit dem Fürsten der Lüste zu verbringen?"

„Das will ich, Eure Majestät!"

„Hast du dir das auch gut überlegt, mein Junge? Alle, die es vor dir versuchten, trug man am Morgen mit den Füßen zuerst aus dem Saal!"

„Das weiß ich, Eure Majestät. Aber ich liebe Eure jüngste Tochter, und wenn ich sie nicht haben kann, ist mir das Leben ohnehin keinen Heller mehr wert. Da versuch ich doch lieber mein Glück."

„Nun denn, wie du willst. Meinen Segen hast du. Und wenn du es tatsächlich schaffst, sollst du auch meine jüngste Tochter haben!"

Man führte Hans Butterhand in den Schlafsaal der Prinzessinnen, wo zwölf goldene Betten mit samtenen Vorhängen standen. Dort rieb er sich die Hände so gründlich mit Butter ein, daß sie glatt und geschmeidig waren wie nie zuvor.

Schließlich kamen die zwölf Prinzessinnen und staunten nicht schlecht, daß sich doch noch einmal jemand gefunden hatte, der es mit dem Fürsten der Lüste aufnehmen wollte. Freundliche Blicke warfen sie ihm jedoch nicht zu. Nur die älteste Prinzessin lächelte etwas verlegen, als sie den glutvollen Blick des jungen Töpfers auf sich ruhen sah.

„Und womit gedenkst du, uns heute nacht zu unterhalten?" erkundigte sich die jüngste Prinzessin hochmütig und sah dem Töpfer voller Geringschätzung auf die recht flache Wölbung zwischen seinen Schenkeln. „Wir sind nämlich sehr anspruchsvoll, damit du es nur gleich weißt!"

Verliebt hin, verliebt her - Hans Butterhand ließ sich nicht ins Bockshorn jagen. Er sah die Jüngste ebenso geringschätzig an und meinte: „Ach, das geht mir ganz ähnlich, Eure Hoheit. Ihr zum Beispiel seid auf gar keinen Fall gut genug für mich!"

Die jüngste Prinzessin schnappte empört nach Luft, blieb die Antwort schuldig und wandte sich beleidigt ab.

Hans Butterhand aber rieb sich die glatten Hände und rief: „Nun, wer mag sich als Erste von mir unterhalten lassen? - Was denn, niemand?"

„Doch, ich!" meldete sich lächelnd die älteste Prinzessin, und Hans verschwand mit ihr und seiner Butterschüssel hinter den schweren Vorhängen ihres königlichen Bettes, während die anderen elf Prinzessinnen begannen, sich für den allabendlichen Besuch im Reich der Begierde zurechtzumachen.

Nicht lange dauerte es aber, da erklangen aus dem Bett der ältesten Prinzessin die unverkennbaren Laute unbeschreiblichen Wohlbehagens. Das erstaunte die anderen elf Prinzessinnen sehr, denn bisher war die Älteste bei allen Vergnügungen auch stets die Stillste gewesen, gleich, wie schön die Spiele waren, die der Fürst der Lüste oder seine Gesellen mit ihr trieben.

„Was tun die beiden dort drinnen?" fragten sie einander. „So verzückt ist sie ja noch nie gewesen!"

Eine der Schwestern lugte durch einen Spalt zwischen den Vorhängen und vermeldete, daß beide brav nebeneinanderlagen, die älteste Schwester sich jedoch am ganzen Leibe bebend hin und her wand und eben diese Wonneschreie von sich gab, ohne daß der Töpfer etwas damit zu tun zu haben schien. Das erschien ihnen allen höchst merkwürdig und sehr geheimnisvoll - und überaus verlockend.

„Das will ich auch versuchen", beschloß die jüngste Prinzessin, und die anderen stimmten ihr sofort zu.

Endlich verstummten die kehligen Lustschreie hinter den Vorhängen, und der Töpfer stieg fröhlich aus dem Bett der ältesten Prinzessin.

Die Mädchen starrten ihn fassungslos an, dann rissen sie die Vorhänge beiseite und drängten sich um die älteste Schwester, die reglos dalag. Kaum ein Atemzug hob ihre volle Brust, fast hätte man meinen können, sie wäre tot. Doch ihre Wangen waren gerötet und auf ihren Lippen lag ein seliges Lächeln.

„Was hast du mit ihr gemacht, Töpfer?"

Hans Butterhand hob die glatten Hände und tat ganz unschuldig. „Unterhalten habe ich sie, sonst nichts!"

„Dann unterhalte jetzt mich, Töpfer!" forderte die Jüngste und trat stolz vor ihn hin.

Er sah sie herablassend an. „Mein Name ist Hans Butterhand, Eure Hoheit. Und als Nächste unterhalte ich die zweitälteste Prinzessin – wenn sie möchte. Dann die Drittälteste und so fort. Da könnt Ihr Euch selbst ausrechnen, wann Ihr an der Reihe seid."

Zornig stampfte die jüngste Prinzessin mit dem Fuß auf, doch es half ihr nichts, Hand Butterhand verschwand mit der zweitältesten Prinzessin und seiner Butterschüssel hinter den Vorhängen des nächsten Bettes, und alles begann von Neuem.

Währenddessen erschien der Fürst der Lüste mit seinen Gesellen, um die Töchter des Königs wie jeden Abend in sein Reich zu entführen. Verwundert sah er die Prinzessinnen halb angezogen vor einem der Betten stehen, aus welchem das hemmungslose Lustgestöhn einer Frau ertönte. Von seinem Erscheinen aber nahm niemand Notiz.

„Einen guten Abend wünsche ich den holden Damen. Keine Begrüßung heute?" fragte der Fürst der Lüste und schüttelte siegessicher sein herrliches Lockenhaar.

Für einen kurzen Augenblick wendeten die Prinzessinnen die Köpfe, doch nur, um den Finger auf die Lippen zu legen und ihm zu bedeuten, daß er still sein solle. Dann drehten sie sich wieder um

und beachteten ihn nicht weiter. Der Fürst der Lüste wechselte einen Blick mit seinen Gesellen und trat näher.
„Was ist denn hier los? Wer treibt es da mit einer meiner Bräute?" Er zog mit einem Ruck den Vorhang beiseite, doch da lagen die zweitälteste Prinzessin und Hans Butterhand nur brav nebeneinander und sahen ihn vorwurfsvoll an.
„Ihr stört, mein Herr!" tadelte der Töpfer den Fürsten der Lüste, „Habt Ihr keinen Anstand im Leib?" Sprach's, griff nach den Vorhängen und zog sie wieder zu.
„Was ist denn an dem schon dran, Ihr meine lieben Goldvögelchen?" redete der Fürst der Lüste nun auf die Prinzessinnen ein, denn er spürte wohl, daß es heute schwierig werden würde, sie von hier fortzubekommen. „Der kann sich doch nicht mit mir und meinem Gefolge vergleichen! Erinnert Euch nur, wieviel Freude wir Euch immer bereiten! Schnell, Ihr Marzipanschwälbchen, zieht Euch fertig an und folgt uns wieder in unser Reich!"
Die jüngste Prinzessin sah hinüber zu ihrer ältesten Schwester, die jetzt langsam wieder zu sich kam und sich schläfrig wie eine zufriedene Katze in ihrem seidenen Bett räkelte, und sie zog einen niedlichen Schmollmund. „Ich will aber wissen, wie sich das anfühlt, was der Töpfer da treibt. Was mich in Eurem Reich der Begierde erwartet, weiß ich schon längst. Nein, heute nacht bleibe ich hier!"
„Ich auch." „Und ich auch!" stimmten ihr die anderen Prinzessinnen zu, die noch nicht mit dem Töpfer im Bett gewesen waren.
„Nun gut", zeigte sich der Fürst der Lüste geduldig und machte es sich in einem Sessel bequem. „Dann soll es so sein wie immer. Ich warte, bis er sich so überanstrengt hat, daß er tot zusammenbricht – und dann fliegen wir in mein Reich, damit wir den Rest der Nacht genießen können." Er lächelte boshaft. „Lange kann es ja nicht mehr dauern. Zwölf von Euch schafft keiner – kein Mensch jedenfalls."
Doch als der Fürst der Lüste sah, wie vergnügt und munter Hans Butterhand aus dem Bett der zweitältesten Prinzessin stieg, begann er Schlimmes zu ahnen. Seine Ahnung bestätigte sich, als der Töpfer auch nach der dritten und vierten Prinzessin noch keine Anzeichen von Ermüdung zeigte.

„Was ist dein Geheimnis, Kerl?" fuhr er den Töpfer eifersüchtig an. Hans Butterhand stemmte die Hände in die Seiten, blinzelte den schönen, stolzen Mann argwöhnisch an und antwortete: „Das fragt ausgerechnet *Ihr*, der Ihr Euch Fürst der Lüste nennt? Da kann es ja nicht weit her sein mit Euren Künsten", und er wandte sich an die Prinzessinnen, „nicht wahr, meine Damen?"

Die Prinzessinnen waren allesamt besorgt, daß die Nacht zu Ende gehen könnte, bevor auch sie sich von Hans Butterhand hatten unterhalten lassen, und sie nickten ihm eifrig zu.

„Seht Ihr, mein Herr, die Damen sind meiner Meinung. Und ich glaube, ich habe heute nacht etwas mehr zu tun als Ihr. Drum stört mich bitte nicht länger und kehrt in Euer Reich zurück."

Dem Fürsten der Lüste fehlten für einen Augenblick die Worte. Als er sich wieder gefaßt hatte, wandte er sich bestürzt an die jüngste Prinzessin: „Meine Liebste, Beste, Schönste! Wollt Ihr mich in der Tat so schnöde verraten? Wollt Ihr, daß ich heute nacht heiße Tränen um Euretwillen vergieße? Weshalb quält Ihr mich so?" Und tatsächlich – in seinen hinreißenden Augen sah man Tränen glitzern. Für einen Moment geriet die jüngste Prinzessin ins Schwanken, denn sie war tatsächlich immer seine liebste Gespielin gewesen. Allein, hinter den Vorhängen erklang das wollüstige Stöhnen der fünften Prinzessin ...

„Bedaure, Fürst", entschied sich die Jüngste. „Dieser Töpfer tut Wunder an uns, die Ihr nicht vollbringen konntet. Seht Ihr nicht, wie selig sie alle sind, die er schon unterhalten hat mit seiner komischen Butterschüssel? Sie sind so ermattet, daß sie kaum ein Glied rühren können und binnen Kurzem in tiefen Schlaf sinken – während Ihr uns nie völlig ermüden konntet, entsinnt Ihr Euch? Auch scheint er überhaupt nicht nachzulassen in seiner Kunst, gleich, wie viele von uns er beglückt. Ich muß unbedingt wissen, wie er das macht! Also, grämt Euch nicht zu sehr, lieber Fürst, und lebt wohl!"

Nun war es dem Fürsten der Lüste und seinem Gefolge nicht gegeben, ihre Beute gewaltsam mit sich zu nehmen. Sie waren ganz allein auf die Magie ihrer Schönheit und auf ihre Verführungskünste angewiesen – wenn sie damit nichts ausrichten konnten, hatten sie ausgespielt. So blieb ihnen nichts weiter übrig, als die zwölf Töchter des Königs aus ihrem Bann zu entlassen, und sie verschwanden so unbeachtet, wie sie gekommen waren.

Hans Butterhand jedoch fuhr unermüdlich fort, in die königlichen Betten hinein- und nach einer Weile wieder aus ihnen herauszusteigen, bis endlich die Morgendämmerung nicht mehr fern und die jüngste Prinzessin an der Reihe war.

Zitternd vor Aufregung lag sie in ihrem Nachtgewand neben dem Töpfer und wartete, was geschehen würde.

Hans Butterhand dagegen war nun langsam doch etwas müde geworden. Schließlich war er es nicht gewöhnt, die ganze Nacht wach zu bleiben!

„Ach, wißt Ihr, Prinzessin", meinte er daher gähnend. „Laßt uns einfach schlafen. Wir sind die letzten beiden, die noch wach sind, und der Morgen ist nicht mehr fern."

„Was fällt dir ein, Töpfer?" entrüstete sich die Jüngste. „Da habe ich die ganze Nacht gewartet, daß endlich die Reihe an mir ist, habe diesen bezaubernden Fürsten der Lüste von mir gewiesen – und nun willst du schlafen?! Das lasse ich nicht zu! Wo ist deine Butterschüssel?"

Hans Butterhand zeigte sie ihr.

„Aber die ist ja leer!"

„Nun ja, elf Prinzessinnen – da verbraucht sich einiges", meinte Hans und gähnte erneut.

„Und ich? Ich mußte am längsten von allen warten!" Die Jüngste war außer sich.

„Tja…", sprach Hans Butterhand und kratzte sich am Kopf. „Wenn Ihr mir versprecht, mich zum Manne zu nehmen, dann ließe sich da sicher noch was machen."

„Was bildest du dir ein, Töpfer? Ich? Dich heiraten? Niemals!"

„Nun, dann wünsch ich Euch eine gute Nacht, Prinzessin." Sprach's und wandte ihr den breiten Rücken zu.

„Hans Butterhand!!!"

Hans drehte sich erstaunt um. „Ihr wißt ja meinen Namen, Prinzessin!"

„Du wirst mich jetzt sofort unterhalten, wie du meine Schwestern unterhalten hast, oder ... oder ..."
„Oder?"
„Oder ich werde nicht deine Frau!"
„Ja, wenn das so ist ..." Hans rückte näher an sie heran und schob seine Hand unter ihr Nachtgewand.
Mit vor Staunen geweiteten Augen spürte die jüngste Prinzessin, wie seine weichen, glatten Finger mit geschmeidigen Bewegungen die feuchte Schlucht zwischen ihren Schenkeln erkundeten, den geheimen Brunnen darin fanden und flugs in diesen eintauchten. Und ihr entrangen sich eben jene Seufzer, die sie zuvor die ganze Nacht über von ihren elf Schwestern gehört hatte. So war das also! Hans ließ seine feinnervige Töpferhand den Brunnenrand entlang rutschen, sanft und beharrlich, langsam und einfühlsam, um und um. Dann ließ er sie auf dem fein polierten Kesselchen kreisen, das umgestülpt gleich neben dem Brunnen stand, und lauschte dem Stöhnen der Prinzessin, das tief aus ihrer Kehle kam. Sie drehte und wand sich unter seinen kundigen Fingern, drückte ihre Hüften gegen seine Lenden, um gleich darauf so weit wie möglich von ihm abzurücken – so weit, wie es eben ging, ohne seine Liebkosungen zu unterbrechen.
Endlich war es der Prinzessin, als erreiche sie mit Riesenschritten den Gipfel eines himmelhohen Berges, von dem sie sich weit in die Lüfte erhob, um dann ganz gemächlich zurück zur Erde zu gleiten. Sie fühlte unendlichen Frieden in ihrem Herzen und lag ganz still, fast ohne zu atmen. So etwas hatte sie mit dem Fürsten der Lüste nie erlebt. Der hatte sie unaufhörlich mit seinem prachtvollen Zepter verwöhnt, nie aber mit seinen Händen.
„Hans?" fragte sie nach einer Weile matt. Doch es kam keine Antwort.
„Hans Butterhand!" Sie nahm alle verbliebene Kraft zusammen und wandte den Kopf. Da lag Hans, seine Butterhand noch immer unter ihrem Nachtgewand, und schlief tief und fest wie ein kleines Kind.
„Du Lieber!" flüsterte sie gerührt, und wenige Augenblicke später war sie selbst eingeschlafen.

Am Morgen erschienen die Kammerfrauen, um wie immer einer stets vergeblichen Pflicht nachzukommen – die Prinzessinnen zu wecken. Doch heute rüttelten sie nicht umsonst an der Schönen Schultern. Heute öffneten die Mädchen ihre klaren Augen, lächelten die Dienerinnen freundlich an und standen nach kurzem Räkeln tatsächlich auf. Lediglich die jüngste Prinzessin und ihr Hans schliefen so fest, daß man sie nicht stören wollte.

Was freute sich aber der König, als er der langweiligen Predigt des Probstes nicht mehr allein zuhören mußte! Und was freuten sich die nicht so mutigen Königssöhne und Grafen, als sie hörten, daß jetzt elf schöne, tugendhafte und fromme Prinzessinnen geheiratet werden konnten!

Bald darauf fand im Königreich ein unbeschreiblich prächtiges Hochzeitsfest statt. Zwölf Prinzessinnen heirateten auf einen Schlag! Wochenlang wurde jeden Tag gezecht und getanzt, gejubelt und gejuchzt, daß es nur so eine Art hatte.

Die jüngste Prinzessin aber fragte ihren Bräutigam:

„Eins mußt du mir doch noch verraten, Hans. Was in aller Welt hast du in jener Nacht mit der Butter gemacht? Ich glaubte, es wäre ein Zaubermittel, mit dem du meinen Schwestern Lust verschafftest."

„Es war auch ein Zaubermittel, Liebste", erwiderte Hans Butterhand und küßte seine Braut auf die verlockenden Rosenlippen. „Ich habe es mir auf die Hände getan, damit sie schön glatt blieben."

Die jüngste Prinzessin lachte hell auf. „Deswegen also nennt man dich Hans Butterhand?"

Er nickte verlegen. „Findest du vielleicht wie meine Mutter, daß das Verschwendung ist?"

„Um Himmels Willen, nein!" rief seine Frau. „Du sollst dein Lebtag lang immer reichlich Butter haben! Sonst zerkratzt du am Ende noch das fein polierte Kesselchen, das neben meinem Brunnen steht!"

Und wenn sie nicht gestorben sind, so pflegt der Töpfer und König Hans noch heute seine Hände mit süßer Butter einzureiben, damit das zarte Brünnlein seiner Königin und das fein polierte Kesselchen daneben keinen Schaden nehmen, wenn seine Hand sie liebkost.